LA REVOLUCIÓN
DE
Elías

El llamado a la pasión y el sacrificio
para un cambio total

Jim W. Goll
Lou Engle

BUENOS AIRES - MIAMI - SAN JOSÉ - SANTIAGO

www.editorialpeniel.com

La Revolución de Elías
Jim W. Goll - Lou Engle

Publicado por:
Editorial Peniel
Boedo 25
Buenos Aires 1206 - Argentina
Tel. (54-11) 4981-6034 / 6178
e-mail: info@peniel.com.ar

www.editorialpeniel.com

Originally published in the USA by:
Treasure House
And imprint of **Destiny Image** Shippensburg, PA.

Under the title:
Elijah's Revolution
Copyright © 2002 by Jim W. Goll and Lou Engle.

Traducido al español por: Virginia Lopez Grandjean
Copyright © 2003 Editorial Peniel

Diseño de cubierta e interior: arte@peniel.com.ar

ISBN N° 987-557-000-1
Producto editorial N° 316117

Edición N° 1 Año 2003

Se usó la Biblia Reina Valera, revisión 1960, salvo cuando se indica otra.

Impreso en Colombia
Printed in Colombia

Agradecimientos y dedicatoria

Por cada libro que se publica hay un ejército de personas a las cuales agradecer, ya que cada libro es resultado de un trabajo en equipo. Debemos enorme gratitud a nuestras familias, especialmente a nuestras sacrificadas esposas, que guardan el fuerte mientras nosotros llevamos este mensaje por todos lados. Así que, primero, decimos gracias a Michal Ann Goll y a Therese Engle, por ser nuestras ayudas perfectas. También debemos reconocer a los colaboradores y los guerreros de oración de *Ministry to the Nations, Harvest Rock Church, Harvest International Ministries* y *The Call Revolution* por su fiel apoyo. ¡Los necesitamos! ¡Gracias, Señor, por estos equipos con los que podemos trabajar!

También queremos agradecer al gran grupo de siervos de *Destiny Image*. Su compromiso para con la excelencia y la pureza de contenidos, una vez más, brilla como una luz refulgente. Gracias por su creatividad y por la paciencia que han tenido para con nosotros en este proyecto. Gracias por creer en este mensaje, y gracias por creer en nosotros.

Deseamos dedicar este libro a la próxima generación de "nazareos" y apasionados guerreros por la causa de Cristo. Este libro habla de su futuro. Este libro habla de nuestro propósito, juntos, en Dios: ¡el llamado a la pasión y el sacrificio para un cambio total! Dedicamos este libro a los jóvenes de todas las naciones, con la esperanza de que se produzca una genuina "revolución de Elías", por la causa de Jesucristo.

Jim W. Goll y Lou Engle

Opiniones sobre el libro

"Dios está uniendo a las generaciones en un llamado a una santa revolución. No son palabras retóricas: es una declaración apasionada y sincera, apoyada por estilos de vida de consagración y servicio. Este libro avivará la llama del cambio en su vida. ¡Lo recomiendo con entusiasmo!"

– Robert Stearns, Director ejecutivo
Eagles Wings Ministries
Nueva York, EE.UU.

"Prepárese para ser instruido y para ser desafiado al leer este poderoso libro que mira hacia el futuro. Dos dinámicos hombres de Dios, Lou Engle y Jim Goll, nos han dado una visión de la unción transgeneracional de la futura Iglesia, que es una declaración profética, apasionada, de lo que Dios tiene en su corazón en este tiempo. Lo instruirán las cosas que el Señor les ha revelado en las Escrituras con respecto de los temas actuales que enfrenta la Iglesia. También será desafiado a crecer en su compromiso de ser "poseído por Dios" de manera que Él pueda tener un pueblo a través del cual pueda llevar un avivamiento a las naciones del mundo."

– Jane Hansen, Presidenta
Aglow International

"Muy probablemente, la generación ungida por Dios para actuar como iniciadora de un terremoto espiritual de alcance mundial ya ha nacido. Este libro tiene como fin preparar a todo el cuerpo de Cristo para recibir este grandioso derramamiento del poder de Dios aquí en la Tierra."

– C. Peter Wagner, Rector
Wagner Leadership Institute

"Hay algunos libros que están escritos de tal manera que, cuando lo leemos, él nos lee a nosotros.
Este libro escrito por mis amigos Jim Goll y Lou Engle encenderá en

sus huesos un fuego que no podrá apagar. Unámonos al llamado para que sea oído en todo lugar, de manera de reclutar toda una generación de siervos apasionados y sacrificados que sean los heraldos de un cambio drástico."

– Mike Bickle, Director
International House of Prayer de la ciudad de Kansas, EE.UU.

"Lou Engle y Jim Goll son ejemplos para mí; son hombres de valor, pasión espiritual e integridad. Me uno a su compromiso para levantar una generación más joven de creyentes extremos que no permitan que la Iglesia sea controlada por nuestra cultura secular o por tradiciones religiosas sin poder. Este libro avivará su celo y lo convertirá en un fuego abrasador."

– J. Lee Grady, Editor
Revista *Charisma*

"Es de esperar que un libro llamado *La revolución de Elías* se caracterice por una pasión extrema, por una visión profética y por el fuego consumidor de Dios. Es de esperar que inspire al cambio, transmita celo, infunda poder e incite al avivamiento. ¡Doy gracias porque, si esto es lo que usted esperaba, es justamente lo que recibirá! Y si los conoce como yo los conozco, también esperará que sea escrito por personas como Jim Goll y Lou Engle, que son la personificación de todo lo expresado. ¡Prepárese para ser transformado!"

– Dutch Sheets
Colorado Springs, EE.UU.

"*El llamado* fue un obrar poderoso del Espíritu de Dios para despertar a toda una nueva generación en una búsqueda insaciable de Él. En *La revolución de Elías*, Lou Engle y Jim Goll presentan una emocionante visión de cómo esta generación puede crecer hasta convertirse en una fuerza irresistible, entregada a su voluntad y que se niega a ceder ante la cultura de este mundo caído. Yo apoyo a nuestros jóvenes de hoy; ellos serán nuestros líderes en el mañana."

– Dr. Bill Bright, Fundador y presidente
Cruzada Estudiantil y Profesional para Cristo

Índice

Índice

Prefacio

Todos los ojos estaban fijos sobre Nueva York aquel día de septiembre de 2001, mientras el *World Trade Center* yacía destrozado por los terroristas. Pronosticadores de todo el mundo concordaban en que "las cosas nunca más volverán a ser las mismas" en los Estados Unidos. Dios usó ese trágico hecho para despertar tanto a los creyentes como a los no creyentes. Esa fecha permanecerá para siempre como una plomada profética para todos los tiempos.

El libro de 1 Crónicas nos habla de los hombres *"entendidos en los tiempos, y que sabían lo que Israel debía hacer"* (1 Crónicas 12:32). Ahora, más que nunca, se necesitan hijos e hijas de Dios que se levanten para darnos la estrategia y la solución que Dios tiene para nosotros en un tiempo como este.

Lou Engle y Jim Goll han sido motivados por Dios para lanzar este llamado. Lo sé, porque los he observado. Conozco sus vidas de cerca. Los he visto llorar, orar, ayunar y buscar la voluntad del Dios de nuestros padres sin descanso durante años. Los he visto luchar por dar a luz aquello que Dios está pidiendo de los que lo aman apasionadamente y están desesperados por recibir más de Él.

Creo que ellos han obedecido y ahora están lanzando un llamado revolucionario que comenzó mucho antes del fatídico día de septiembre, pero cuya intensidad aumenta a cada instante. Es un llamado a aquellos que están hartos del hedonismo, del humanismo, del egoísmo y la codicia que nos rodean cada día, aun dentro de la misma Iglesia. Es un llamado a quienes sufren por la anarquía de nuestro mundo, por la dureza del pecado y la destrucción de las vidas de adentro hacia afuera. Es un llamado a quienes pueden sentir más de la presencia de Dios que nunca antes en sus vidas, pero están enormemente descontentos con "cómo están las cosas".

Es un llamado a una revolución *del corazón*. Es un clamor a los jóvenes, los viejos y todos los que están en el medio. Es un llamado a los ancianos y a los bebés de pecho; a las amas de casa y los adolescentes insatisfechos; a los padres y los obreros de las fábricas; a cualquiera y a todos los que tengan un corazón sintonizado con el Espíritu de Dios.

Usted descubrirá que este libro no es un texto que ofrece soluciones rápidas y hace que corra la adrenalina en la sangre de una generación inmersa en el caos y el clamor. Por el contrario, es una convocatoria a un estilo de vida nacido del Espíritu en el que nos consuma el amor de Dios, que puede cambiar rápidamente el curso de los hechos humanos. Es un llamado para los que hacen la historia: un llamado para los "don nadie" que, cuando Dios les infunde su aliento, se convierten en Gedeones de enorme importancia; es un llamado para los que son "alguien" que, cuando Dios les infunde su aliento, caen, como Pablo, de sus potentes caballos y reciben nuevos ojos para ver y nuevas armas de humildad con poder sobrenatural que cambiarán el mundo.

Comienza aquí y ahora, mientras usted lee este libro. Permita que Dios infunda su aliento a cada palabra y le ilumine su lugar y su destino en esta revolución. ¡Que una "revolución de Elías" inunde su alma y lo haga pensar como Dios en esta hora! Que la pasión por Jesús consuma su carne y le dé un corazón valiente que responda a este llamado en la forma que solo usted puede hacerlo. Diga "sí" con todo su corazón y con sus acciones, y se encontrará entrando en un lugar que Dios ha preparado para usted desde todos los tiempos.

Por esta causa,

Dr. Ché H. Ahn
Iglesia *Harvest Rock*
Pasadena, California, EE.UU.

Introducción

Quisiera darle un breve bosquejo del contenido de este libro que Lou Engle y yo, Jim W. Goll, hemos escrito. Lou y yo tuvimos la maravillosa oportunidad de interactuar durante los últimos años en temas relacionados con el obrar histórico del Espíritu Santo en cuanto al avivamiento en diversas ocasiones durante la historia. Una hambre cada vez más profunda por el Señor se apodera de nuestras almas, hasta que ya no podemos simplemente leer acerca del gran obrar de Dios en distintos momentos del pasado. ¡Estamos consumidos de tal manera que tenemos que hacer algo al respecto ahora mismo! Aquí es donde aparece este libro, y es el motivo por el que arde en sus manos en este momento.

La revolución de Elías es un esfuerzo por llevarle a usted, en forma impresa, algunos de los sonidos insistentes que resuenan en nuestro corazón. Queremos ver que se levante toda una generación que sacrifique apasionadamente los placeres temporales de esta vida para responder con su corazón a "El llamado" de Dios y aprovechar el momento que vivimos. ¿Quiere usted ver un cambio total en la iglesia y en las sociedades en general? Si es así, entonces el contenido de este libro avivará aún más la llama de ese fuego.

Dado que el corazón de Lou y el mío laten con latidos muy similares, decidimos unir nuestras fuerzas y trabajar en esto juntos. Por lo tanto, lo hemos redactado en primera persona del plural. El mensaje de este libro no es algo "mío", para el "yo". Es algo que nuestro Señor ha depositado en nosotros dos juntos. Dado que tenemos el privilegio de estar en el mismo equipo apostólico, *Harvest International Ministries,* sencillamente era lógico que tratáramos de escribir este mensaje juntos.

¡Continúe leyendo, entonces! Permita que lo contagie una pasión

absoluta por nuestro amado Salvador, que lo impulse a unirse al clamor de una gran multitud: "¿No hay causa en la Tierra?" Nuestra respuesta es un sonoro "¡Sí!" Por amor de Cristo Jesús, ¡que venga *la
revolución de Elías*!

Jim W. Goll
Ministry to the Nations

PRIMERA PARTE

ESTE ES
EL TIEMPO

...de hacer un llamado a la revolución

A las 05:30 del sábado 2 de septiembre de 2000, el *National Mall* de Washington DC, ya era un hervidero, con 270.000 personas. Miles de personas más llegaban a cada minuto. Antes que terminara el día, una multitud de aproximadamente 400.000 personas –la mayoría de ellas, jóvenes cristianos consagrados– se agolpaban en ese lugar para un evento sin precedente en los últimos años. *El llamado* reunió a jóvenes y adultos de todos los Estados Unidos y muchas otras naciones, convocándolos a arder de pasión por Jesús y con un deseo consumidor de que su país regresara a Dios.

Aunque la adoración fue extraordinaria, esta multitud no se había reunido solamente para cantar. Aunque los predicadores fueron dinámicos y desafiantes, esta reunión masiva no se había convocado para escuchar una predicación. *Había sido convocada para orar.*

No era un día de celebración, no era una fiesta; ¡era un ayuno! *El llamado* fue una asamblea solemne en el espíritu de la que fuera convocada en el Libro de Joel:

> *Por eso pues, ahora, dice Jehová, convertíos a mí con todo vuestro corazón, con ayuno y lloro y lamento. Rasgad vuestro corazón, y no vuestros vestidos, y convertíos a Jehová vuestro Dios; porque misericordioso es y clemente, tardo para la ira y grande en misericordia, y que se duele del castigo. [...] Tocad trompeta*

en Sion, proclamad ayuno, convocad asamblea. Reunid al pueblo, santificad la reunión, juntad a los ancianos, congregad a los niños y a los que maman (Joel 2:12-13, 15-16a).

La declaración de visión de *El llamado* era clara: "*El llamado* es una solemne asamblea en la que dos generaciones se reúnen con el propósito de orar y ayunar por el avivamiento de nuestras ciudades y nuestra nación".[1] Teníamos un propósito específico. ¡Teníamos una meta claramente definida!

Durante doce horas seguidas, jóvenes y adultos lloraron y adoraron, confesaron y se arrepintieron, ayunaron y oraron, pidiendo al Dios todopoderoso, con desesperación, que derramara su Espíritu en un nuevo "gran despertar" que sacudiría al país hasta sus mismos cimientos. Un propósito específico de *El llamado* era desafiar a los que asistieran a comprometerse a ayunar durante cuarenta días para orar por los Estados Unidos, particularmente en vista de las próximas elecciones nacionales. Gran parte del "ministerio desde la plataforma" –desde la adoración hasta la oración y la intercesión– era dirigido por los mismos jóvenes. Nosotros teníamos la visión, pero les dimos a ellos la posibilidad de dirigir.

El 2 de septiembre de 2000 marcó un hito espiritual en la historia de los Estados Unidos. Este país enfrenta una crisis moral y espiritual sin precedentes. Décadas de negligencia, desobediencia y pasividad de parte de muchos miembros de las iglesias han producido un "cristianismo cultural" que no tiene revelación y está desprovisto de verdadero poder espiritual. La inmoralidad y la mundanalidad se han abierto camino en las vidas de miles de creyentes. El racionalismo y el humanismo gobiernan la mayor parte de las universidades y los institutos del país. Las leyes y las decisiones de los tribunales han legalizado el aborto a pedido y prácticamente han hecho desaparecer la voz profética de la Iglesia del ámbito público. Hollywood y la industria de la televisión y la música llenan teatros, estadios, auditorios y las ondas del aire con toda clase de suciedad, inmoralidad y filosofías que no tienen en cuenta a Dios. Como consecuencia, el país está en una encrucijada: o se vuelve a Dios, o enfrentará un mayor deterioro y, finalmente, el juicio divino.

Los tiempos críticos requieren una respuesta drástica del pueblo de Dios. Los medios, métodos y modos de pensar tradicionales no son suficientes para responder a las necesidades de esta hora. Se necesita un enfoque más drástico. En cada generación, Dios convoca a nazareos[2] de entre su pueblo: hombres y mujeres "apartados" a los que no les satisface nada menos que una devoción exclusiva a Cristo, una obediencia sin fisuras a su voluntad, y un compromiso inquebrantable con una cultura hostil a las cosas de Dios. *El llamado* fue simplemente una expresión visible de esta convocatoria, un gran obrar de Dios entre las generaciones, en este día y esta hora, que solo puede ser calificado de extraordinario.

UNA REUNIÓN JUVENIL QUE HARÁ TEMBLAR A LAS NACIONES

Las revoluciones rara vez comienzan de repente. Por el contrario, crecen a lo largo del tiempo, a medida que las personas se van sintiendo cada vez más insatisfechas con las circunstancias tales como están. Un hecho lleva al otro y las tensiones crecen hasta que finalmente, un evento catalizador se convierte en la chispa que hace estallar la acción. La revolución de la independencia de los Estados Unidos no ocurrió de un día para otro. Entre otros motivos, surgió debido a una larga serie de actos del Parlamento británico que muchos colonos interpretaron como ataques a sus libertades civiles. El descontento y el malestar aumentaron hasta que, en abril de 1775, hubo choques entre las milicias de los colonos y las fuerzas regulares en Concord y Lexington, Massachussets, que se convirtieron en las chispas que hicieron saltar el fuego de la rebelión abierta.

Se está produciendo una revolución espiritual que ya se está haciendo mundial. El Espíritu Santo es su instigador, y Él está haciendo una obra enorme entre su pueblo. Como en cualquier otra revolución, la decadencia del clima moral ha ido aumentando con el tiempo.

Muchos recuerdan el evento llamado "Parémonos en la brecha", de los Cumplidores de Promesas, el 4 de octubre de 1997, que atrajo a cientos de miles de hombres diferentes, de todas las denominaciones, en el *Mall* de Washington DC. Hombres de negocios y motociclistas, ingenieros y arquitectos, médicos y abogados, estudiantes y docentes, juntos, adoraron, confesaron, se arrepintieron y oraron. Fue un evento fundamental.

Un año antes, en noviembre de 1996, Jim Goll tuvo un sueño que estaba proféticamente relacionado con estas reuniones masivas en la capital de los Estados Unidos.

> Escuché una voz audible que decía: "De las entrañas del movimiento de los Cumplidores de Promesas saldrá una obra juvenil extraordinaria que sacudirá a las naciones. Se llenarán estadios. Se llenarán estadios, porque de las entrañas de los Cumplidores de Promesas brota una obra juvenil extraordinaria que sacudirá a las naciones".
>
> Desperté de este sueño y tomé conciencia de que la presencia de Dios permeaba el cuarto. Inmediatamente fui catapultado a una visión abierta donde vi un enorme estadio abierto de fútbol lleno de jóvenes que adoraban a Dios con todo. Rayos láser cruzaban el cielo y se reunían formando una enorme cruz que se elevaba sobre el estadio. Al mismo tiempo, una enorme pantalla en un extremo del estadio mostraba una presentación gráfica multimedia de la crucifixión de Cristo. Mientras un martillo golpeaba los clavos que atravesaban las muñecas de Jesús, como música de fondo se escuchaba a la gente cantar una vieja canción del "Movimiento de Jesús" de la década de 1970, con las siguientes palabras: "Y el martillo caía sobre los clavos de madera...".
>
> Mientras todo esto ocurría, el espíritu de convicción de pecado cayó sobre los jóvenes, que comenzaron a clamar al Señor pidiendo misericordia y gritando: "¿Qué debo hacer para ser salvo?" Entonces escuché en el cuarto la voz que decía, una vez más, en voz alta: "De las entrañas de los Cumplidores de Promesas brotará una obra juvenil extraordinaria, que sacudirá a las naciones".
>
> En ese momento, yo no tenía idea de que un año después, los Cumplidores de Promesas llevarían a cabo su reunión "Parémonos en la brecha" en Washington DC, ni que, tres años después, miles de jóvenes se reunirían en el mismo lugar en respuesta a la convocatoria de *El llamado*.

UN MILLÓN DE CHICOS EN EL MALL

No mucho después de "Parémonos en la brecha" Lou Engle estaba predicando en Phoenix, Arizona, sobre el tema del voto de nazareo y la nueva generación de nazareos que se levantaría para convertirse en "la bisagra de la historia". Durante esa reunión, en un encuentro divino totalmente separado del de Jim, Lou recibió una visión profética de la contraparte juvenil de "Parémonos en la brecha" que podría reunir a un millón de jóvenes en el *National Mall* de Washington DC. Cautivado por esta visión, Lou comenzó a predicar sobre ella en conferencias juveniles de todo el país.

Un año y medio después, en 1999, una mujer anónima, desconocida, que nunca había escuchado predicar a Lou, se acercó a él y le dijo: "Lou, ¿alguna vez pensaste en reunir a un millón de chicos en el *Mall* de Washington para orar, para que haya un cambio drástico y un avivamiento en el país?" Cuando Lou le respondió que había estado orando por esa visión durante un año y medio, ella le dijo: "Quiero darte US$ 100 000 para comenzar la obra".

Esto sucedió una semana antes del tiroteo en la escuela secundaria de Columbine, Littleton, Colorado. Toda revolución tiene una chispa que la comienza, y para la revolución espiritual que comenzaba a producirse entre los jóvenes de Estados Unidos, esa chispa fue Columbine.

Aunque Lou estaba entusiasmado por el apoyo económico y la confirmación de su visión, realmente no sabía cómo armar todas las piezas. Una cosa llevó a la otra rápidamente. Cuando Lou transmitió esta experiencia, un par de días más tarde, con dos líderes de intercesión de la costa este, ellos le aconsejaron que se comunicara con Bart Pierce, pastor de la Iglesia *Rock City* en Baltimore, Maryland. Bart había sido organizador de "Washington para Jesús", una reunión masiva de oración que había convocado a 800 000 personas en el *National Mall* en 1988, por lo que tenía la experiencia y los contactos para ayudar a hacer realidad la visión de Lou.

Al principio, Lou no tenía la menor idea de cómo comunicarse con Bart Pierce. Pero la semana siguiente él y su familia estuvieron en la zona de Baltimore y Washington para asistir a un casamiento y disfrutar de unos días de vacaciones. El domingo, Lou predicó en una iglesia de Filadelfia. Después, el pastor se acercó y le dijo: "Lou, estuve en una reunión de pastores y me encontré con Bart Pierce. Cuando le dije que ibas a predicar en mi iglesia, me dijo: 'Necesito encontrarme con él'".

Al día siguiente Lou se encontró en la oficina de Bart Pierce, donde consideraron la visión de Lou para reunir a un millón de jóvenes en el *Mall* de Washington. Sucedía que la Iglesia *Rock City* auspiciaba una gran reunión de oración en la que muchas iglesias se habían reunido para orar, para que Dios rompiera la dura coraza de Washington DC. Uno de los oradores fue Dutch Sheets, que dio a conocer su visión de que los jóvenes se acercarían a la capital del país y que el fuego de un avivamiento caería sobre Washington.

En esa misma reunión, Bart Pierce invitó a Lou a trasmitir su visión delante de las tres mil personas que estaban presentes esa noche. Uno de los que estaban allí era un hombre con quien Lou había pactado, en 1993, conectar Washington DC con Los Ángeles, donde Lou vivía. Más tarde, ese hombre había ayudado a organizar y administrar la reunión de "Parémonos en la brecha" en el *National Mall,* en 1997.

Durante mucho tiempo, Dios había estado trabajando en diferentes lugares, impartiendo a muchos corazones diferentes partes de su visión y de su deseo para el país y para la generación actual. Ahora estaba uniendo esas partes, entretejiendo los hilos del tapiz de su divino propósito, llamando a su pueblo, no solo a un avivamiento, sino a una revolución total: *la revolución de Elías.*

RESTAURAR LOS CORAZONES DE LOS PADRES Y DE LOS HIJOS

Los últimos versículos del último libro del Antiguo Testamento contienen una profecía notable. Después de pasar tres capítulos reprendiendo a los israelitas por sus pecados públicos y privados, y por rebelarse en contra de Dios, Malaquías termina con estas alentadoras palabras de parte del Señor:

> Acordaos de la ley de Moisés mi siervo, al cual encargué en Horeb ordenanzas y leyes para todo Israel. He aquí, yo os envío el profeta Elías, antes que venga el día de Jehová, grande y terrible. Él hará volver el corazón de los padres hacia los hijos, y el

> *corazón de los hijos hacia los padres, no sea que yo venga y hie-*
> *ra la tierra con maldición* (Malaquías 4:4-6).

Primero, el Señor encomienda al pueblo que se acuerde de "la ley de Moisés", tal como se la encuentra en el Pentateuco, los primeros cinco libros de la Biblia, y como la personifican especialmente los Diez Mandamientos, que ellos estaban quebrantando. Después, promete enviar al "profeta Elías" para anunciar un período de restauración que hará volver los corazones de los padres hacia los hijos, los de los hijos hacia los padres, y los de todos ellos hacia Dios. Este despertar transgeneracional ocurrirá *"antes que venga el día de Jehová, grande y temible"* y evitará que la "maldición" del juicio de Dios hiera la Tierra, o la revertirá, de ser necesario.

Los evangelios de Mateo y Lucas dejan en claro que Juan el Bautista fue el cumplimiento histórico de la promesa de Dios en Malaquías de enviar al profeta Elías[3]. Juan fue también el precursor profético que preparó el camino para la venida de Cristo. Por medio de su vida, muerte y resurrección, Jesús, sin duda, hizo volver los corazones de muchos padres (y madres) e hijos hacia el Padre celestial e inauguró una era de gracia en la cual el juicio de Dios fue alejado, para dar a todos la oportunidad de escuchar el evangelio y arrepentirse.

Pero la naturaleza de la profecía bíblica es tal que, en muchos casos, es posible que haya más de un cumplimiento. En Malaquías 4:5, por ejemplo, la frase *"el día de Jehová, grande y terrible"* es una expresión profética que comúnmente se entiende como una referencia, no tanto a la primera venida de Cristo, sino a su segunda venida. En este contexto, podemos entender Malaquías 4:5-6 como la profecía de un "espíritu" de Elías que se levantará en los últimos tiempos, encendiendo un despertar transgeneracional que volverá los corazones de los padres y de los hijos a Dios y preparará el camino para el triunfante regreso de Cristo.

Ya hay señales de que esto ha comenzado a suceder. "Parémonos en la brecha" fue una prueba contundente y significativa de que el movimiento de los Cumplidores de Promesas tiene una unción para volver los corazones de los padres a los hijos y nuevamente al Padre. Esta unción ha ido más allá de los Estados Unidos y ha entrado a países de Europa y otros. Muchos líderes cristianos creen que continuará avanzando por todo el planeta como un ministerio precursor que es parte del cumplimiento de la profecía de Malaquías para los últimos días.

Después, "del vientre del movimiento de los Cumplidores de Promesas" y atizado por los sucesos de Columbine, surgió *El llamado – DC*, uno de muchos indicadores que anuncian el surgimiento de una nueva generación de "hijos" cuyos corazones están volviendo tanto a sus padres terrenales como a su Padre celestial.

El llamado - DC no fue un evento único. Fue un catalizador que abrió una puerta para nuevos comienzos. El 22 de septiembre de 2001, *El llamado – Nueva Inglaterra* atrajo aproximadamente a 50 000 creyentes que se reunieron frente al edificio municipal de Boston. Durante doce horas, los participantes ayunaron, se arrepintieron por los pecados tanto de la Iglesia como de la nación y oraron por el avivamiento, la transformación espiritual y la reconciliación entre las razas, los sexos y las generaciones en todos los niveles sociales. Esta solemne asamblea fue especialmente oportuna y urgente a la luz de los horribles atentados terroristas ocurridos en las ciudades de Nueva York y Washington solo once días antes.

Bajo la guía del Espíritu Santo, hay planes para realizar reuniones similares en San Francisco, Dallas, Los Ángeles, Nashville, Nueva York, San Diego y otras ciudades de Estados Unidos, así como en otros países: Inglaterra, Alemania, Corea del Sur y Filipinas. Esta voz exaltada que clama en el desierto va a extenderse como un incendio forestal por todas las naciones de la Tierra.

Hoy se está preparando una revolución en un ambiente moral y espiritual que se asemeja, en muchos aspectos, a la que se produjo en Israel cuando el profeta Elías original dejó su marca. ¿Cómo provocó Elías una revolución?

DEL MONTE CARMELO AL MONTE HOREB

Elías irrumpe en escena por primera vez en Israel con un pronunciamiento sobre la sequía que constituía el juicio de Dios por los pecados de la nación: *"Entonces Elías tisbita, que era de los moradores de Galaad, dijo a Acab: Vive Jehová Dios de Israel, en cuya presencia estoy, que no habrá lluvia ni rocío en estos años, sino por mi palabra"* (1 Reyes 17:1). Su siguiente aparición pública es en el monte Carmelo, tres años y medio después, después que la tierra está totalmente reseca por la falta de agua. La sequía de Israel refleja la sequedad espiritual del pueblo. Siguiendo la guía de su rey, Acab, y de su reina pagana, Jezabel, los israelitas se habían apartado de Dios para adorar a Baal, el dios de la fertilidad de los cananitas. La idolatría dominaba la Tierra.

Desde la cima del monte Carmelo, Elías lanza un desafío a sus connacionales: *"¿Hasta cuándo claudicaréis vosotros entre dos pensamientos? Si Jehová es Dios, seguidle; y si Baal, id en pos de él"* (1 Reyes 18:21b). Esas palabras son el preludio de la gran contienda entre Elías y los cuatrocientos cincuenta profetas de Baal. Ambos preparan un sacrificio. Los profetas de Baal oran y gimen durante horas, sin respuesta alguna de su dios. Entonces, Elías ora una sencilla oración al Dios de Israel: *"Jehová Dios de Abraham, de Isaac y de Israel, sea hoy manifiesto que tú eres Dios en Israel, y que yo soy tu siervo, y que por mandato tuyo he hecho todas estas cosas. Respóndeme, Jehová, respóndeme, para que conozca este pueblo que tú, oh Jehová, eres el Dios, y que tú vuelves a ti el corazón de ellos"* (1 Reyes 18:36-37).

Inmediatamente cae fuego del cielo y consume el sacrificio, el altar y hasta el agua con que lo habían empapado. A la vista de esta demostración de poder divino, el pueblo proclama su fe en el Señor y, dirigidos por Elías, matan a todos los profetas de Baal. Este suceso marca el fin de la sequía.

Apenas lograda esta victoria, Elías huye por su vida, ya que Jezabel ha jurado matarlo. Después de un ayuno de cuarenta días en el desierto, llega al monte Horeb, el monte de Dios, donde el Señor le habla con un *"silbo apacible"* (1 Reyes 19:12b). Dios le asegura a Elías que en Israel hay 7 000 personas que jamás se han inclinado ante Baal, y le da instrucciones de ungir a Eliseo como su profeta sucesor, y a Jehú como rey de Israel. Eliseo, que tendrá una doble porción de la unción de Elías, representa la siguiente generación de los que están totalmente comprometidos con Dios. El destino de Jehú será destruir la casa de Acab, destruir a Jezabel y quitar la obscena idolatría de la Tierra. El tiempo de transigir y someterse ante un gobierno sin Dios ha terminado.

La pasión de Elías por Dios encendió una revolución espiritual en Israel que hizo arder el monte Carmelo, refulgió hasta el monte Horeb y dio a luz toda una nueva generación de profetas, con lo cual aun el escenario político de la nación fue transformado.

¡YA BASTA!

En los Estados Unidos en la actualidad existe una situación similar. Durante cuatro décadas, el Cuerpo de Cristo ha observado –en su mayor parte, en silencio– cómo la voz de la Iglesia y las leyes de Dios han sido arrasadas por leyes que las sacaron del escenario público. El humanismo, el hedonismo y el racionalismo gobiernan hoy el país, y los estadounidenses adoran en los altares de la codicia, el materialismo y el egoísmo. Aunque fueron fundados sobre sólidos principios bíblicos de fe y ley, los Estados Unidos se han apartado de las verdades comprobadas a través de los siglos para seguir a otros dioses. Veamos algunas señales de la progresiva declinación de este país:

- *Engle contra Vitale* (1962), el caso de los tribunales de Nueva York que hizo que se prohibiera la oración en las escuelas públicas del país.
- *Roe contra Wade* (1973), el caso de los tribunales de Texas que legalizó el aborto a pedido y dio a los Estados Unidos los parámetros más liberales del mundo al respecto.
- *Stone contra Graham* (1980), el caso de los tribunales de Kentucky que declaró inconstitucional la exhibición de los Diez Mandamientos en las escuelas y otros edificios públicos de la nación.
- Pautas cada vez más permisivas con respecto a un lenguaje "aceptable", la violencia y el contenido sexual en películas, televisión, música, libros y revistas.
- Una marcada declinación en los parámetros y la calidad de la educación en general.
- Un marcado aumento de los divorcios, los delitos violentos, los suicidios, la cantidad de madres adolescentes y solteras.
- La erosión de la familia como núcleo tradicional.

El Cuerpo de Cristo en los Estados Unidos enfrenta una situación como la que el pueblo de Dios vivió en el monte Carmelo.

Se está preparando una "revolución de Elías" en la que una generación entera de creyentes se levanta, como Elías en la antigüedad, para proclamar: "¡Ya basta!" Basta de escondernos, basta de silencio, basta de transigir, basta de asentir en silencio mientras las fuerzas del pecado y la oscuridad continúan avanzando en la Tierra.

Estos revolucionarios extremos están hartos de la religión vacía y la exaltación de la carne humana. Hambrientos de santidad y anhelando solo al Señor, claman para que el Dios de Elías se levante y haga caer fuego del cielo. Es toda una nueva raza de creyentes que viven no para vestir las ropas de los "profesionales" de la religión, sino para cubrirse con las túnicas de pelo de camello del sacrificio y de negarse a sí mismos.

En todo el país, jóvenes y viejos creyentes responden al llamado a una revolución, no de violencia y destrucción, sino de amor, oración, consagración y devoción absoluta a Cristo. Es la revolución de una nueva generación que se levanta para confrontar y destruir las falsas ideologías por medio de la oración y el ayuno. Es la revolución de una nueva generación que se niega a entregarse a los placeres del mundo y prefiere estar apartada en una santa consagración nupcial a Cristo. Es la revolución de una nueva generación que se ofrece voluntariamente como sacrificio vivo, santo y aceptable a Dios (ver Romanos 12:1).

En este día, Dios busca una "chispa" que encienda el avivamiento, unos pocos vasos ungidos sobre los que pueda lanzar su fuego. Está buscando para su avivamiento un núcleo de creyentes apasionados que ardan con la misma pasión por Cristo que tenía la Iglesia primitiva; creyentes que oren diciendo: "Queremos ser el altar sobre el que caiga tu fuego". Esto es verdadera intercesión: cuando el pueblo que ora se convierte en la respuesta y la personificación de su propia oración. Están tan consumidos por el deseo de que la gloria de Dios llene la Tierra y transforme las naciones que dicen: "Yo seré el altar y seré el sacrificio; ¡solo haz que caiga tu fuego!"

Los intercesores proféticos descubren lo que Dios desea hacer ahora y se disponen a darlo a luz por medio del ayuno y la oración. La necesidad de esta hora lo exige.

Este es el momento

℮l martirio siempre ha sido una chispa que ha encendido el crecimiento de la Iglesia. Tertuliano, un padre de la Iglesia cristiana del tercer siglo, dijo: "La sangre de los mártires es la semilla de la Iglesia". Esto se comprueba tanto en la Biblia como en la historia. En la época de Elías, el incidente que desató el comienzo del fin para Acab y Jezabel fue el asesinato de Nabot, un hombre inocente y justo que simplemente se negó a venderle su viña al rey. El martirio de Esteban en el séptimo capítulo de Hechos fue el comienzo de una gran persecución de la iglesia de Jerusalén, que también tuvo como resultado la dispersión de aquellos primeros creyentes a otras partes del Imperio Romano, donde continuaron transformando el mundo por medio del mensaje y el poder del evangelio. Siempre ha sido en estos tiempos de persecución y martirio que la Iglesia ha mostrado su mayor y más poderoso crecimiento.

Columbine fue un terremoto espiritual, y sus ondas expansivas aún se están sintiendo en todo el país, particularmente en la Iglesia y entre los jóvenes. Satanás abusó de sus posibilidades en Columbine. El 20 de abril de 1999, cuando mártires como Cassie Bernall y Rachel Scott, sabiendo que iban a morir, miraron a sus asesinos a los ojos y dijeron "Sí, yo creo en Dios", algo se desató en la nación, y comenzaron los primeros movimientos del avivamiento. Columbine fue el catalizador, la chispa que encendió la "revolución de Elías" que ahora barre todo el país. La Iglesia ha recuperado la osadía, y muchos creyentes, ahora, se levantan para decir: "Ya no nos acobardaremos más. No importa cuánto tiempo sea necesario, no importa cuál sea el costo, nos pondremos en pie para proclamar a Cristo y para que nuestra nación regrese a Dios".

Los mártires de Columbine se mantuvieron firmes en su fe y entraron en la compañía de aquellos que *"han vencido por medio de la sangre del Cordero y de la palabra del testimonio de ellos, y menospreciaron sus vidas hasta la muerte"* (Apocalipsis 12:11). Inspirados por su valentía, los compositores cristianos Michael W. Smith y Wes King escribieron una canción que debería constituir un desafío para todo creyente en la actualidad.

ESTE ES TU MOMENTO

Fue una prueba que todos querríamos aprobar,
pero ninguno quisiera rendir.
Cuando debió enfrentar la opción
de negar a Dios para vivir,
ella tuvo que tomar una decisión.

Ese fue su momento,
esa fue su música.
Vivió cada momento
sin dejar nada al azar.
Se sumergió en el mar
y bebió de lo más profundo.
Abrazó el misterio
de todo lo que podía ser.
Era su momento.

Aunque lamentemos
y lloremos nuestra pérdida,
la muerte ya murió hace mucho tiempo,
sorbida por la vida,
así que su vida continúa.
Aun así, es tan difícil dejarla ir...

Ese fue su momento,
esa fue su música.
Vivió cada momento
sin dejar nada al azar.
Se sumergió en el mar
y bebió de lo más profundo.
Abrazó el misterio
de todo lo que podía ser.
¿Qué pasaría si mañana...
qué pasaría si hoy...
tuvieras que enfrentar esa pregunta?
¿Qué dirías?

27

Ese es tu momento,
esa es tu música.
Vive cada momento
sin dejar nada al azar.
Sumérgete en el mar
y bebe de lo más profundo.
Arrójate en sus brazos de misericordia
y escucha tus palabras
en oración: "¡Sálvame, por favor!"[4]

La necesidad es urgente y el llamado ya ha sido lanzado. Es hora de que una santa revolución de gracia, amor y perdón se levante resueltamente a iluminar con la brillante luz de Cristo la oscuridad de la Tierra. ¿Cómo responderá usted? ¿Está dispuesto a rendirse a Dios como sacrificio vivo y santo, aceptable a Él, y ser un altar sobre el que pueda caer su fuego? ¿Arde su corazón con la pasión por Cristo y el anhelo de ver un gran despertar en la Tierra? ¡Ha llegado la hora! ¡Este es el momento!

...de una nueva generación profética

Uno de los clamores que brota del corazón de esta moderna banda de santos revolucionarios, es que la gloria de Dios llene la Tierra. Su apasionada oración es que la trascendente majestad de Cristo inunde a su pueblo mientras Él es exaltado para que todas las naciones lo contemplen. Con entusiasmo y expectativa, ellos piden al Señor que visite una vez más su casa.

Dios ha depositado en ellos un sueño que se ha adueñado de sus corazones y los ha incapacitado en forma permanente para vivir un "cristianismo común". Energizados por la verdad de que Dios es el mismo hoy, ayer y por los siglos (ver Hebreos 13:8), piden que Él se mueva en medio de su pueblo en esta generación como lo hizo en generaciones anteriores. Sus espíritus arden con la visión de Jesucristo en toda su gloria. Ya no se contentan simplemente con vivir según una serie de reglas que les dictan lo que tienen o no tienen que hacer, sino que anhelan de tal manera estar cerca de Él que se liberan de todo lo que sea un obstáculo en sus vidas para contemplar su presencia, y se abandonan enteramente a Él. Han captado una vislumbre de gloria, y sus ojos espirituales han quedado para siempre deslumbrados por la trascendente majestad de Cristo.

La trascendente majestad de Cristo

Nadie que vea tal visión del glorioso Cristo puede volver a verlo a Él, o ver la vida, de la misma manera a partir de ese momento. Es algo que cambia la perspectiva de una persona. Jim Goll puede dar fe de esto, ya que tuvo un encuentro semejante en una conferencia de oración hace un tiempo.

Todo el tiempo que estuve allí intenté estar de *incógnito*, pero el sábado por la noche, el manto de guerra espiritual profética en la adoración era tan fuerte que ya no pude soportarlo más. Hacia el final, fui al frente y me quedé de pie delante de los altavoces que resonaban. Mientras las olas de sonido me bañaban, yo decía: "¡Más, Señor, más! ¡Hazme estallar!" En ese momento me olvidé de esta vida y me olvidé de este mundo. Me olvidé de quién era, me olvidé de quién se suponía que era y quién pensaban los demás que yo debía ser. Me olvidé de la dignidad y de la reputación y simplemente me quedé allí, mientras el Espíritu Santo me hacía "estallar".

De repente, vi un caballo blanco que avanzaba. En una tira de cuero, a un costado de la silla de montar, estaba escrita la palabra: "Santidad". Entonces vi otras palabras: "Guerra santa". En ese mismo momento vi al Señor, como un guerrero, avanzar para montar su caballo de guerra. Me di cuenta de que estaba preparándose para hacer un anuncio. Su guerra santa estaba por comenzar. Pero esta no es una guerra de batallas entre hombres, sino la batalla de todos los tiempos del reino de la luz contra el reino de las tinieblas.

Después vi nubes y escaleras en las nubes. Me recordó la vieja canción de *rock* "Escalera al cielo". En mi visión, me vi subiendo por esas escaleras de a un escalón por vez. A medida que ascendía cada vez más, comencé a ver una luz blanca muy brillante, hasta que, finalmente, al llegar a una plataforma en la cima, me vi rodeado de esa luz. Alrededor de mí no había nada más que esa luz brillante, refulgente, que me atravesaba de lado a lado y de arriba abajo, iluminando todo en mi interior e impregnando cada fibra de mi ser. La brillantez de su extraordinaria presencia me inundaba, mientras yo lloraba sin control. Atrapado por esta visión de la trascendente majestad de Cristo, me quedé allí, paralizado, hasta que finalmente comencé a gritar: "¡Oh, Señor, eres hermoso! ¡Eres hermoso, hermoso!"

No sé cuánto tiempo estuve allí llorando, y no me importa, porque esta visión me dio otro sabor, otra figura del Señor, y puso en mí el deseo de ver que su trascendente majestad nos inunde a todos. Quiero ver que la luz de Dios nos penetre y barra la oscuridad. Quiero ver la santidad de Dios llenar su Iglesia. Quiero ver al Cuerpo de Cristo abrumado por la hermosura de su gran presencia.

EL DIOS MÁS QUE SUFICIENTE

Por todo el país se están levantando revolucionarios apasionados que tienen hambre y sed de la justicia de Dios, y de que las ondas y las olas de su presencia los inunden. Están tan impresionados por su amor y su belleza, que no quieren nada más que entregarse, en santo abandono, a los propósitos de Dios para su generación.

Aunque anhelan la presencia de Dios, están hartos totalmente de la "religión" con su espíritu impuro y mundano, que apaga la visión, encierra a las personas en mentalidades estrechas y pequeñas, y trata de confinar a Dios en una pequeña cajita diseñada por el hombre. En cambio, el deseo de su corazón es ver al Dios que es más que suficiente; el Dios que puede transformar a quienes "no pueden" en aquellos que "pueden". Como la mayoría de los revolucionarios, son visionarios y soñadores, la vanguardia de una nueva generación profética.

Los sueños y las visiones son parte significativa de la presencia profética sobrenatural de Dios en su pueblo en la actualidad, tanto como lo fueron en edades pasadas. Un propósito de lo profético es sacar al Cuerpo de Cristo de las mentalidades "religiosas" limitadas y llevarlo al mundo de lo sobrenatural, el mundo del Dios que dice *Yo soy el que soy* y de Jesucristo, que es el mismo hoy, ayer y por los siglos. En esta hora, Dios está dando a luz un nuevo y refinado mensaje profético de fe en los corazones de sus hijos. A un pueblo que "no puede", Él le dice: "Yo lo haré a través de ti. Yo soy el Dios de las aperturas, el Dios de los cambios. Yo soy *El Shaddai*, el Todopoderoso; Yo soy *Jehovah Jireh*, tu proveedor. Yo haré un camino donde no lo hay. Da un paso de obediencia y entra en aquello que no conoces; y verás lo que yo puedo hacer".

La unción profética, que incluye sueños y visiones, es una forma en que Dios crea fe en los corazones de su pueblo, de manera que sus hijos anden en obediencia y, por medio del ayuno y la oración, ayuden a dar a luz los propósitos de Dios en la Tierra. Esta nueva generación profética sigue los pasos de los profetas de siglos anteriores, comenzando desde Abraham.

ABRAHAM, EL SOÑADOR

Abraham es la primera persona que la Biblia llama, específicamente, profeta (ver Génesis 20:7). Los Libros de Gálatas y Romanos se refieren a Abraham como padre de los fieles. Él fue el ancestro físico de la nación de Israel, pero no podía tener descendencia natural, porque su esposa, Sara, era estéril. Abram y Sarai (sus nombres originales) no tenían hijos, y llegaron a ser ancianos. Ya habían pasado la edad de tener hijos. Pero Dios le había dado a Abram una visión; un sueño de que sería padre de toda una nación. Ese sueño sostuvo a Abram hasta que lo vio cumplido en forma sobrenatural.

Desde el comienzo de su andar con Dios, Abram fue un soñador y un visionario que no necesitaba más que una palabra del Señor para ponerse en marcha.

> *Pero Jehová había dicho a Abram: Vete de tu tierra y de tu parentela, y de la casa de tu padre, a la tierra que te mostraré. Y haré de ti una nación grande, y te bendeciré, y engrandeceré tu nombre, y serás bendición. Bendeciré a los que te bendijeren, y a los que te maldijeren maldeciré; y serán benditas en ti todas las familias de la tierra. Y se fue Abram, como Jehová le dijo; y Lot fue con él. Y era Abram de edad de setenta y cinco años*

cuando salió de Harán. Tomó, pues, Abram a Sarai su mujer, y
a Lot hijo de su hermano, y todos sus bienes que habían gana-
do y las personas que habían adquirido en Harán, y salieron pa-
ra ir a tierra de Canaán; y a tierra de Canaán llegaron
(Génesis 12:1-5).

Un tiempo después de que Abram se estableció en Canaán con su familia, el Señor lo visitó una vez más para darle una promesa extraordinaria.

Después de estas cosas vino la palabra de Jehová a Abram en
visión, diciendo: No temas, Abram; yo soy tu escudo, y tu ga-
lardón será sobremanera grande. Y respondió Abram: Señor Je-
hová, ¿qué me darás, siendo así que ando sin hijo, y el
mayordomo de mi casa es ese damasceno Eliezer? Dijo también
Abram: Mira que no me has dado prole, y he aquí que será mi
heredero un esclavo nacido en mi casa. Luego vino a él palabra
de Jehová, diciendo: No te heredará éste, sino un hijo tuyo será
el que te heredará. Y lo llevó fuera, y le dijo: Mira ahora los cie-
los, y cuenta las estrellas, si las puedes contar. Y le dijo: Así se-
rá tu descendencia. Y creyó a Jehová, y le fue contado por
justicia (Génesis 15:1-6).

El versículo 6 de este pasaje declara sin estridencias que Abram "creyó a Jehová", pero consideremos cuán profunda fue su fe: era demasiado anciano para tener hijos, pero pronto, aun siendo viejo, tendría un
hijo. Además, a través de ese hijo, Abram se convertiría en "padre" de
una multitud incontable, como las estrellas. Abram recorrió el resto de
sus días con esta divina visión de fertilidad delante de sí.

Era Abram de edad de noventa y nueve años, cuando le apare-
ció Jehová y le dijo: Yo soy el Dios Todopoderoso; anda delante
de mí y sé perfecto. Y pondré mi pacto entre mí y ti, y te mul-
tiplicaré en gran manera. Entonces Abram se postró sobre su
rostro, y Dios habló con él, diciendo: He aquí mi pacto es con-
tigo, y serás padre de muchedumbre de gentes. Y no se llama-
rá más tu nombre Abram, sino que será tu nombre Abraham,
porque te he puesto por padre de muchedumbre de gentes. Y te

multiplicaré en gran manera, y haré naciones de ti, y reyes sal-
drán de ti (Génesis 17:1-6).

"Abram" significa 'padre exaltado' (un nombre irónico para un anciano sin hijos); mientras que "Abraham" significa 'padre de una multitud'.
Por el poder de la Palabra de Dios, que no podía fallar, Abram, el hombre que no podía, fue transformado en Abraham, el hombre que podía.
Abraham y Sara concibieron a Isaac, cuyo nombre significa 'risa'. El anciano y su esposa estéril rieron y rieron, porque ellos, que no podían,
pudieron gracias al Dios que es más que suficiente. Durante el resto de
sus vidas, cuando salían a contemplar por las noches, las estrellas les ha-
blaban e invitaban a sus incontables descendientes a salir.

Siglos más tarde, ha surgido una nueva generación, una generación
de fe, una generación de descendientes espirituales de Abraham a los
que Dios quiere dar poder para derramar en ellos la misma presencia
profética que residía en su antecesor.

NACIMIENTO PROFÉTICO Y LIBERACIÓN

En este tiempo, la Iglesia está entrando a una nueva dimensión.
Cristo está preparando su Cuerpo para recibir las oleadas de la
gloria de Dios que llegan. Una nueva era de nacimiento y liberación está a las puertas, con el mismo espíritu de quienes nos han precedido. A
lo largo de toda la Palabra de Dios, el ciclo del nacimiento y la liberación es un tema recurrente que define e ilustra el proceso por medio
del cual Dios se relaciona con su pueblo

Por ejemplo, cuando Dios quiso levantar un pueblo para sí, llamó a
Abraham. A través de su hijo Isaac y los descendientes de él, Abraham
hizo nacer la nación de Israel. Varias generaciones después, la progenie
de Abraham había crecido hasta convertirse en una gran multitud que
trabajaba duramente y sufría bajo el yugo de la esclavitud en Egipto. Los
hijos de Israel necesitaban un libertador.

Cuando llegó el tiempo escogido por Dios, Moisés apareció en escena. Moisés representó la llegada de una generación profética especial
que prometía la liberación del pueblo de Dios. Era necesario trabajar
mucho como precursor de esa liberación. Dios pasó ochenta años pre-

parando a Moisés para el rol que le había señalado como libertador. Cuarenta años en la corte de Faraón y otros cuarenta años en los desiertos de Madián moldearon el carácter de Moisés para la misión que tenía por delante. Junto con esta preparación, la acción sobrenatural de Dios permitió que Moisés lograra el propósito de guiar al pueblo de Israel hacia la libertad.

Fue una generación profética llena de señales y maravillas: agua que se convertía en sangre; plagas de ranas, mosquitos, moscas, enfermedades que mataban al ganado, úlceras, granizo y langostas; una oscuridad que cubrió la Tierra durante tres días; y finalmente, la muerte de todos los primogénitos de los egipcios. Las señales y maravillas continuaron también después del Éxodo: la división de las aguas en el Mar Rojo, el agua que brotó de la roca en el desierto, el maná que caía diariamente del cielo, y la columna de nube de día y de fuego de noche. La liberación del pueblo hebreo de la esclavitud en Egipto, efectuada por Moisés, hizo nacer el Estado de Israel.

Pero todo lo que Dios quiere hacer nacer, Satanás quiere destruirlo. El enemigo tiene un conocimiento parcial. Puede ver en parte y sabía que iba a venir un libertador, pero no sabía cuándo ni dónde. Al hacer que el faraón egipcio decretara que todos los bebés varones hebreos fueran muertos (ver Éxodo 1:15-17), Satanás trató de evitar que el libertador elegido por Dios llegara a la adultez. Siempre que Dios prepara un día de liberación, Satanás inicia un plan para deshacerse del libertador.

Cientos de años después, se acercaba otro día de liberación, un día anunciado con anticipación por generaciones de profetas de Dios. El Padre envió a su único Hijo para que naciera de una virgen, caminara por esta Tierra como un hombre y muriera como un criminal en una cruz, para luego resucitar de los muertos como primicia y garantía de vida eterna para todo aquel que crea. Un precursor, Juan el Bautista, vino a preparar el camino para la llegada del Mesías. Juan fue el Elías de su generación e hizo volver los corazones de muchos padres e hijos al Señor. Entonces llegó el Señor Jesucristo, y por su muerte y resurrección dio a luz la redención para toda la humanidad y la liberó del pecado y de la muerte.

Una vez más, el enemigo intentó destruir al libertador elegido por Dios incitando a Herodes a ordenar que fueran muertos todos los niños varones de hasta dos años de edad en los alrededores de Jerusalén y Belén. Dios protegió a su Hijo. Por medio de sueños y visiones, Dios habló a los sabios y les avisó que no regresaran a ver a Herodes. También advirtió a José que huyera a Egipto con María y Jesús, y, cuando Herodes murió, los hizo regresar a establecerse en Galilea (ver Mateo 2).

Juan el Bautista personificaba a una generación profética escogida en el Espíritu que se levantó para preparar el camino para la primera venida del Espíritu. De la misma forma, según las Escrituras, una generación profética de "Elías" también se levantará para preparar el camino para su Segunda Venida. Será una generación "sin rostro", en el sentido de que no solo habrá líderes de alto perfil, o personas "señaladas" que tengan encuentros increíbles con Dios. Dios también pondrá su presencia profética en toda una generación, y ellos andarán en santidad y absoluta entrega a Él, disfrutando de una intimidad cara a cara con Él en una medida sin precedentes. ¡Sí, se levantará toda una generación de guerreros apasionados!

Los integrantes de esta generación profética no estarán interesados en reconocimiento, reputación o en hacerse famosos. Su única preocupación será la gloria del Señor en esta Tierra. Por medio de oración y ayuno, darán a luz un despertar y un avivamiento espiritual a escala global que llevará liberación a las personas de todos los pueblos.

Como siempre, Satanás tratará de evitar que esto suceda. Ya ha estado trabajando en ello durante años. El aborto, el abuso del alcohol y las drogas, los delitos violentos y el deterioro de las pautas morales y de la familia tradicional son solo algunas de las armas que usa el enemigo en su cruzada decisiva para destruir esta generación antes que pueda cumplir el destino que Dios tiene para ella.

¡Pero los propósitos de Dios no serán frustrados! Su plan no fallará. Todo lo que Dios ha ordenado, sucederá.

UNA VARA DESDE SION

La Biblia está llena de referencias proféticas a la venida de Cristo. Las profecías sobre la venida de Cristo no solo se encuentran en los libros de profecía; una cantidad sorprendente de ellas se encuentran en los Salmos. Como sucede con las referencias proféticas que se encuentran en otros lugares, las profecías mesiánicas que encontramos en los Salmos pertenecen, en general, a una de dos categorías: las que se relacionan principalmente con la primera venida de Cristo, y las que se refieren básicamente a la segunda. Al mirar estos Salmos a través de las lentes de la historia y la revelación divina, podemos ver en ellos claros paralelos de la vida de Jesús.

El Salmo 110 es mesiánico y habla de la segunda venida de Cristo. Esto se ve claramente en las palabras utilizadas y en las circunstancias que describe:

> *Jehová dijo a mi Señor: Siéntate a mi diestra, hasta que ponga a tus enemigos por estrado de tus pies. Jehová enviará desde Sion la vara de tu poder; domina en medio de tus enemigos. Tu pueblo se te ofrecerá voluntariamente en el día de tu poder, en la hermosura de la santidad. Desde el seno de la aurora tienes tú el rocío de tu juventud. Juró Jehová, y no se arrepentirá: Tú eres sacerdote para siempre según el orden de Melquisedec. El Señor está a tu diestra; quebrantará a los reyes en el día de su ira. Juzgará entre las naciones, las llenará de cadáveres; quebrantará las cabezas en muchas tierras. Del arroyo beberá en el camino, por lo cual levantará la cabeza* (Salmo 110).

Este Salmo está estructurado como si Dios el Padre estuviera hablando con su Hijo mientras David, el salmista, observa y relata. El versículo 2 dice que "la vara del poder" del Mesías será "enviada" desde Sion. En la Biblia, la palabra "Sion" se utiliza de diferentes maneras. Uno de los significados más comunes es en referencia a la ciudad de Dios en la era mesiánica. Es la Jerusalén celestial donde el Mesías aparecerá al final de los tiempos y donde su pueblo será glorificado. Sion también puede ser una referencia a toda la asamblea del pueblo de Dios –tanto los judíos creyentes del viejo pacto como el Cuerpo de Cristo del nuevo pacto– entre quienes Él vive y obra.

Desde esta perspectiva, este Salmo presenta un día futuro en que Dios transferirá su autoridad a Sion –su pueblo del pacto– a través de Yeshua (Jesús), el Mesías, y ellos reinarán con Él aun en medio de los enemigos. En ese futuro "día de tu poder" [del Mesías], su pueblo se le ofrecerá *"voluntariamente (...) en la hermosura de la santidad"*. Un gran ejército de creyentes se entregarán voluntariamente a su Señor y andarán en santidad y consagración para cumplir su voluntad y lograr sus propósitos.

A medida que ese día se aproxime, las tinieblas serán cada vez más oscuras, pero la luz se hará más brillante. Será un tiempo de gran gloria y gran juicio sobre las naciones. El Señor *"quebrantará a los reyes en el día de su ira"* y *"quebrantará las cabezas en muchas tierras"*. También *"las llenará de cadáveres"*. Será un tiempo de gran tensión, de gran oscuridad y gran esperanza; un tiempo de gran ira y de gran avivamiento; un tiempo de gran destrucción y de gran restauración.

Las cosas van a ponerse peor, pero también van a mejorar. Los que tienen su fe puesta firmemente en el Señor serán transformados de gloria en gloria. Ellos serán luces brillantes y refulgentes en medio de la oscuridad, y muchos serán atraídos por su brillo.

LA RESTAURACIÓN DEL CRISTIANISMO EXTREMO

El Salmo 102 es otro Salmo mesiánico que habla del retorno de Cristo. Veamos estos versículos ubicados en el medio de este Salmo:

> *Mas tú, Jehová, permanecerás para siempre, y tu memoria de generación en generación. Te levantarás y tendrás misericordia de Sion, porque es tiempo de tener misericordia de ella, porque el plazo ha llegado. Porque tus siervos aman sus piedras, y del polvo de ella tienen compasión. Entonces las naciones temerán el nombre de Jehová, y todos los reyes de la tierra tu gloria; por cuanto Jehová habrá edificado a Sion, y en su gloria será visto; habrá considerado la oración de los desvalidos, y no habrá desechado el ruego de ellos. Se escribirá esto para la generación venidera; y el pueblo que está por nacer alabará a JAH* (Salmos vv 12-18).

Este Salmo habla de un "plazo" cuando *"las naciones temerán el nombre de Jehová, y todos los reyes de la tierra tu gloria"*. Aunque este día aún no ha llegado, hay muchas señales que sugieren que podría estar cercano. El evangelio de Jesucristo ha comenzado a extenderse en muchas naciones y regiones del mundo que antes estaban cerradas para él. La respuesta al evangelio, especialmente fuera de Occidente, está creciendo a un ritmo sin precedentes en la historia desde el primer siglo.

Otro indicador de que puede estar por llegar una nueva generación profética escogida, es que se está produciendo en el mundo el movimiento de oración más grande que haya habido jamás en la historia de la Iglesia. Las investigaciones indican que 170 millones de creyentes de todo el mundo oran diariamente por un despertar espiritual y por el avivamiento de la Iglesia. Hay diez millones de grupos de oración en todo el mundo que oran por un avivamiento todas las semanas.

Esto no tiene absolutamente ningún precedente en la historia de la Iglesia. No tiene antecedentes en cuanto a amplitud, porque no está limitado a una nación. No tiene precedentes en cuanto a alcance, ya que no se limita a una denominación. No tiene antecedentes en cuanto a estrategia, porque es una unión de oración y evangelismo. La oración siempre ha sido una de las grandes armas de la Iglesia, particularmente antes de los tiempos de despertar y avivamiento, y también durante estos tiempos. Lo mismo sucede hoy. Desde el comienzo de la actual "revolución de Elías", la oración, y particularmente la intercesión, ha sido la principal estrategia de esta generación de guerreros santos que Dios está llamando.

Junto con este llamado a la oración sacrificial y la intercesión, hay un llamado a ayunar más amplio que nunca antes en el Cuerpo de Cristo. Después de décadas de olvido, el ayuno como poderosa disciplina espiritual está siendo redescubierto en un amplio espectro de la Iglesia. Hace más de doscientos años, John Wesley, el ardiente predicador, evangelista y fundador del metodismo, no ordenaba al ministerio a ninguna persona que no se comprometiera a ayunar dos días por semana. El fuego de Wesley está siendo restaurado a la Iglesia. En esta nueva generación escogida de profetas, el ayuno ya no será considerado una señal de cristianismo extremo o "anormal", sino parte integral de la vida en el Espíritu.

El cristianismo "normal" siempre ha sido "extremo": extrema devoción a la persona de Jesucristo; extremo abandono de la voluntad propia y entrega absoluta a la voluntad y los propósitos de Dios; extremo amor por Dios que consume por completo el corazón del creyente, su alma, su mente y sus fuerzas. La "revolución de Elías" representa nada menos que la restauración del cristianismo crudo y básico en esta generación: ¡el cristianismo como se supone que debe ser!

PREPARAR EL CAMINO PARA LA VENIDA DE CRISTO

El Libro de Joel profetizaba que una generación de profetas escogidos se levantaría en la Tierra antes del día del Señor, grande y terrible; toda una generación de soñadores y visionarios que andarían en medio de señales y prodigios.

> *Y después de esto derramaré mi Espíritu sobre toda carne, y profetizarán vuestros hijos y vuestras hijas; vuestros ancianos soñarán sueños, y vuestros jóvenes verán visiones. Y también sobre los siervos y sobre las siervas derramaré mi Espíritu en aquellos días. Y daré prodigios en el cielo y en la tierra, sangre, y fuego, y columnas de humo. El sol se convertirá en tinieblas, y la luna en sangre, antes que venga el día grande y espantoso de Jehová. Y todo aquel que invocare el nombre de Jehová será salvo; porque en el monte de Sion y en Jerusalén habrá salvación, como ha dicho Jehová, y entre el remanente al cual él habrá llamado* (Joel 2:28-32).

Una oleada de la gloria de Dios está rompiendo sobre el Cuerpo de Cristo. La marea ha estado subiendo durante años. Frescas revelaciones de la gracia y la misericordia de Dios han dado a luz un movimiento sin paralelo de oración intercesora que continúa creciendo. Una mayor liberación de los dones de Dios sobre su pueblo lleva a una más completa restauración de su presencia y su poder manifiestos en medio de su Iglesia. En la nueva generación de profetas, las señales y los prodigios no estarán limitados a unos pocos escogidos ni a un puñado de personas "especiales", sino se manifestarán más ampliamente por todo el Cuerpo de creyentes.

Este es el destino profético de esa generación. La oleada de la gloria de Dios romperá "la cubierta de bronce" que ha encerrado la Tierra. La maldición será levantada, los cielos se abrirán nuevamente, el "día del poder de Jehová" será revelado, y Él aparecerá en su gloria en Sion. Dios ha elegido una nueva generación para poner sobre ella su presencia profética como precursora para preparar la aparición de Cristo en gloria.

Esta generación precursora será la vanguardia de un despertar global como no ha habido otro en toda la historia. Llegará el tiempo en que la unción de Sudamérica se unirá a la de Norteamérica en el nombre de Jesús. Las estrategias del Norte se unirán con el poder puro del Sur, y surgirá un nuevo movimiento de liberación. Las gracias del Oriente y el Occidente se fundirán mientras se levanta oración sacrificial por la ventana 10/40 y ahora también, la ventana 40/70.

Aun ahora mismo se está abriendo una ventana de liberación divina de naturaleza global. El llamado es lanzado. ¿Lo escucha usted? La pasión y el poder en el nombre de Jesús llevan a la ruptura de maldiciones, ataduras de alma y afectos emocionales equivocados del pasado, y a la liberación de los espíritus de locura, espíritus inmundos e idolatría. Como lo hizo en el templo hace ya tanto tiempo, Jesús está invadiendo su Iglesia para limpiar su casa por amor a su nombre. Una nueva generación de profetas está naciendo. El destino espiritual de la Iglesia se está restaurando.

Lo profético ayuda a preparar el camino para los propósitos de Dios en una generación y, en última instancia, para la venida de Cristo. Según el Libro de los Hechos, Jesús no regresará hasta que haya venido la plenitud de los tiempos y todas las profecías antiguas se hayan cumplido.

> *Así que, arrepentíos y convertíos, para que sean borrados vuestros pecados; para que vengan de la presencia del Señor tiempos de refrigerio, y él envíe a Jesucristo, que os fue antes anunciado; a quien de cierto es necesario que el cielo reciba hasta los tiempos de la restauración de todas las cosas, de que habló Dios por boca de sus santos profetas que han sido desde tiempo antiguo* (Hechos 3:19-21).

Dios levanta una generación de profetas con el propósito de hacer que las promesas de los profetas de la antigüedad se cumplan por medio de la oración. Lo profético abre la puerta a la restauración, que a su vez prepara el camino para la venida de Cristo. De esta manera, una generación de profetas ayuda a la Iglesia en general a prepararse para ser la Esposa de Cristo.

¿Será testigo esta generación de la segunda venida de Cristo? Solo Dios Padre lo sabe. Él solo determinará si la aparición en gloria de Cristo entre su pueblo en este día es una renovación histórica de su presencia manifiesta o el regreso literal, visible, en el que partirá el cielo oriental. De una manera u otra, el Padre está derramando su unción profética, como aceite fragante, sobre la Esposa de Cristo, para prepararla para la llegada del Esposo.

El Señor está montando su caballo para la guerra santa y está emitiendo un llamado. ¿Cabalgará usted con Él para ser parte de sus propósitos para una nueva generación de profetas?

...de que las generaciones se unan

Si la Iglesia quiere ser relevante y satisfacer las necesidades del siglo XXI y más allá, debe estar dispuesta a sufrir un cambio de paradigma. La revolución de Elías confronta el *statu quo* desafiando a la Iglesia a reexaminar muchas de sus presuposiciones. Una de estas presuposiciones es lo que podría llamarse la mentalidad del "escape rápido".

Durante más de un siglo se les ha enseñado a muchos creyentes que los últimos tiempos están cerca, y que deben esperar que Cristo venga a buscar a su Iglesia en cualquier momento. Esta enseñanza ha prevalecido especialmente en la rama evangélica de la Iglesia. Lo importante no es si esta interpretación de la profecía es exacta o no. Un resultado positivo de la "mentalidad del arrebatamiento" es que ha creado en muchos cristianos un sentido de urgencia con respecto al evangelismo y las misiones. Si Cristo puede regresar "cualquier día", no hay tiempo que perder en hablarles a los demás de Él. Por otro lado, esta misma mentalidad puede tener la desafortunada consecuencia de no estimular la planificación a largo plazo. Si todo está por llegar a su fin, ¿para qué concentrarnos en el futuro?

Jim Goll recuerda cómo esta "mentalidad a corto plazo" lo había absorbido en sus primeros años en el Movimiento de la Gente de Jesús. El celo abundaba y el Espíritu Santo se movía en la universidad a la que él asistía. Jim se convirtió en una "persona de Jesús" y vivió con otros jóvenes en una "casa de Jesús". Pensaba que sabía que Jesús regresaría en cualquier momento para sacar a su pueblo de este mundo tan complicado.

Un par de los otros jóvenes líderes plantaron un pequeño rosal en el jardín delantero de la Casa de Jesús. Jim admite que, al ver esto, se molestó mucho y les dijo a los demás: "¿Qué hacen, gastando dinero en plantar ese rosal? ¿No saben que Jesús regresará mucho antes que ese rosal llegue a la madurez?"

Pasó el tiempo, y el rosal creció. Se convirtió en un hermoso recordatorio para Jim —y para otros— de que, quizá, Dios tenía una mentalidad más "a largo plazo" para llevar a cabo sus propósitos. El tiempo ha cambiado. Hoy, Jim y Lou —y, es de esperar, usted también— piensan en términos de "generaciones".

PENSAR EN GENERACIONES

La Iglesia moderna debe redescubrir la mentalidad de pensar en términos de "generaciones". Hay, al menos, dos razones para esto. Primero, nadie más que el Padre sabe cuándo regresará Jesús; podría ser hoy, mañana o dentro de muchos años. Segundo, Dios mismo siempre piensa y actúa en términos de generaciones. Ya hace demasiado tiempo que demasiados miembros del Cuerpo de Cristo se consideran parte de una generación terminal. Es hora de cambiar esa forma de pensar. Cada generación de cristianos debe verse como un puente generacional que se fundamenta en el pasado, vive el presente y planifica para el futuro. Es importante vivir cada día como si Cristo regresara hoy pero, al mismo tiempo, planificar el mañana como si Jesús no fuera a regresar hasta dentro de muchísimos años.

Parte de la mentalidad de ser una generación "puente" es reconocer y tomar en serio la responsabilidad de transmitir a la siguiente generación un legado sólido de fe y valores piadosos. ¿Hasta dónde es importante esta "transferencia generacional"? Hace mucho tiempo, alguien dijo que la Iglesia nunca está a más de una generación de distancia del paganismo. Lo único que se necesita para perder todo es que una generación no transfiera sus creencias y principios a la siguiente.

Hay señales inquietantes de que esto ya está sucediendo en los Estados Unidos desde hace años. Un estudio reciente realizado por el *Barna Research Group,* una organización cristiana muy respetada por su preciso seguimiento de las tendencias en el pensamiento religioso contemporáneo, reveló que, entre los miembros adultos de las doce denominaciones más grandes de Estados Unidos, solo el 41% podría ser clasificado como "nacido de nuevo". De todos los adultos que participaron en la encuesta, solo el 41% creía que la Biblia es completamente exacta. Solo el 40% creía que Jesucristo había vivido una vida sin pecado; y, al mismo tiempo, increíblemente, solo el 27% creía que Satanás era un ser real.[5] Recordemos que estas no eran personas que jamás habían pisado una iglesia, sino *miembros de iglesias* y *cristianos profesos.* Si esto es lo que la generación "intermedia" cree, ¿es de extrañarse que la generación joven no tenga un ancla espiritual para su vida?

Una de las necesidades más vitales de la Iglesia en la actualidad es renovar su compromiso de realizar la "transferencia generacional": transmitir a la generación siguiente no solo principios, teología y creencias doctrinales, sino un *amor apasionado,* de todo corazón. Cada generación debe aprender a amar a Dios por sí misma, y es responsabilidad de la generación que la antecede enseñárselo siendo ejemplo de ese amor. Este es el modelo bíblico, no solo en el trato de Dios con el hombre, sino también en el trato de los patriarcas con sus hijos. Es un principio fundamental conocido como la tarea de los mentores: *actuar como padres y madres espirituales.*

MENTORES ESPIRITUALES

Los principios de actuar como mentores espirituales y de realizar la transferencia generacional están firmemente basados en las Escrituras. Para los israelitas del pasado, eran conceptos fundamentales de la ley mosaica. Uno de los mejores ejemplos se encuentra en el sexto capítulo de Deuteronomio.

> *Oye, Israel: Jehová nuestro Dios, Jehová uno es. Y amarás a Jehová tu Dios de todo tu corazón, y de toda tu alma, y con todas tus fuerzas. Y estas palabras que yo te mando hoy, estarán sobre tu corazón; y las repetirás a tus hijos, y hablarás*

de ellas estando en tu casa, y andando por el camino, y al acostarte, y cuando te levantes. [...]. Mañana cuando te preguntare tu hijo, diciendo: ¿Qué significan los testimonios y estatutos y decretos que Jehová nuestro Dios os mandó? entonces dirás a tu hijo: Nosotros éramos siervos de Faraón en Egipto, y Jehová nos sacó de Egipto con mano poderosa. Jehová hizo señales y milagros grandes y terribles en Egipto, sobre Faraón y sobre toda su casa, delante de nuestros ojos; y nos sacó de allá, para traernos y darnos la tierra que juró a nuestros padres. Y nos mandó Jehová que cumplamos todos estos estatutos, y que temamos a Jehová nuestro Dios, para que nos vaya bien todos los días, y para que nos conserve la vida, como hasta hoy. Y tendremos justicia cuando cuidemos de poner por obra todos estos mandamientos delante de Jehová nuestro Dios, como él nos ha mandado (vv. 4-7, 20-25).

Los versículos 4 y 5 constituyen lo que se conoce como *shema* (de la primera palabra del pasaje en hebreo), que los judíos devotos consideran la verdad fundamental de su fe. El *shema* es, también, el primer pasaje que se enseña a los niños judíos al comenzar su educación espiritual: *"Oye, Israel: Jehová nuestro Dios, Jehová uno es. Y amarás a Jehová tu Dios de todo tu corazón, y de toda tu alma, y con todas tus fuerzas"*. En Mateo 22:38, Jesús identificó a este mandamiento como el *"primero y grande mandamiento"*. Nada tiene mayor importancia que conocer, amar y temer a Dios.

Inmediatamente a continuación del mandato de amar a Dios, se encuentra el mandato de transmitir ese amor, así como el conocimiento y el amor por la ley de Dios, a la generación siguiente. *"Y estas palabras que yo te mando hoy, estarán sobre tu corazón; y las repetirás a tus hijos, y hablarás de ellas estando en tu casa, y andando por el camino, y al acostarte, y cuando te levantes"*. Los padres –y las madres– debían usar toda oportunidad y circunstancia de la vida como una ocasión para transferir el legado de la fe a sus hijos.

La transferencia generacional no se produce de un día para otro. No hay atajos, no hay fórmulas fáciles, no hay resúmenes "en veinticinco palabras o menos" para impartir fe o valores. No hay cursos de "instrucción veloz" para los mentores espirituales (aunque sí hay un libro titulado *Multiplicación espiritual para tontos*). El éxito solo viene después de trabajar con compromiso, disciplina, diligencia y paciencia. Actualmente, en la época del microondas y de la gratificación instantánea, estas cualidades están convirtiéndose en nociones extrañas.

Esta misma actitud se ha vuelto muy común en gran parte del Cuerpo de Cristo. Muchos creyentes son impacientes espiritualmente, y prefieren un toque rápido del Señor y el fuego ardiente del avivamiento, al paso —más lento y menos dramático, pero más exigente— de la disciplina y el trabajo de los mentores. En realidad, tanto el veloz fuego del avivamiento como el lento arder de los mentores espirituales, son vitales para la estrategia de Dios para alcanzar a las naciones. El avivamiento libera la fe y cambia las vidas espirituales, mientras que la labor de los mentores espirituales transforma la cultura.

El fuego de Dios que cayó sobre el monte Carmelo fue el fuego veloz del avivamiento. Hizo brotar en los corazones de los israelitas la fe en que Dios era mayor que Baal, pero no transformó la nación. Acab y Jezabel continuaron en el poder. Al mismo tiempo, comenzó a producirse un cambio. El avivamiento del monte Carmelo encendió, también, una llama que ardió lentamente y produjo un movimiento subterráneo de revolución espiritual que llegó a su clímax muchos años más tarde, en una transformación cultural.

Dios llevó a Elías del monte Carmelo al monte Horeb —del fuego al ayuno— y le dijo al profeta que ungiera a Eliseo como su sucesor. El "silbo apacible" de la voz de Dios le dijo a Elías: "Ve y entrégate a un hijo espiritual". Elías se convirtió en un padre espiritual para Eliseo. La siguiente vez que aparece Elías es hacia el final de su vida, cuando clama que caiga fuego del cielo para consumir a los soldados del rey. Literalmente, está sacudiendo la nación. Elías fue mentor de Eliseo, su hijo espiritual, así como de otros hijos espirituales en todas las ciudades, y el fuego lento de la revolución comienza a hacerse sentir. Así es como se transforman las naciones y las culturas.

Elías preparó el camino con su fidelidad como padre espiritual, pero es la siguiente generación, bajo la guía de Elías y Jehú, la que destruye a Jezabel —que representa la dominación de la cultura por parte de los poderes de las tinieblas— y trae transformación a la Tierra.

UNA SINERGIA DE GENERACIONES

La sinergia puede definirse como la situación en que diferentes grupos trabajan juntos en una labor cooperativa, de tal manera que el efecto total es más grande que la suma de los efectos individuales. En otras palabras, el grupo logra más trabajando junto que la suma de lo que lograría cada miembro trabajando independientemente.

Una de las cosas que representa la revolución de Elías es el deseo de Dios de unir nuevamente a diferentes generaciones en una relación sinérgica. La Iglesia ha sufrido durante demasiado tiempo la "brecha generacional" en la que hay poco aprecio genuino, comprensión o cooperación entre las generaciones mayores, intermedias y las generaciones más jóvenes de creyentes. Dios desea reunir a estas generaciones, infundirles una visión común, un sentido de propósito unificado y el reconocimiento de su mutua interdependencia. Tres generaciones avanzando juntas hacia una meta común pueden lograr más que la suma de lo que cada generación lograría por separado. Esta sinergia de las generaciones es algo que Dios prometió que haría suceder en los últimos días. Jim llama a esto la "convergencia de las edades".

Una convergencia de edades vendrá sobre nosotros. La caída del fuego pentecostal, las cruzadas de sanidad y liberación, la presencia de la lluvia tardía, la carga de los evangélicos por los perdidos, los dones carismáticos, el celo del movimiento de la "gente de Jesús", la credibilidad de la tercera ola, la revelación del movimiento profético y la red relacional de la reforma apostólica: todo esto formará una ola mucho mayor que el impacto de la reforma hace quinientos años y creará lo que podría ser llamado "la gran revolución".[6]

Antes que Cristo regrese, Dios liberará una explosión de su Santo Espíritu que hará trizas los paradigmas que tienen las personas y hará que la Iglesia toda comience a pensar en términos de generaciones, en lugar de pensar en forma egoísta. Toda una generación comenzará a entregarse a sus "Eliseos" para levantar hijos e hijas que tengan "doble porción" y que dominen sus culturas con el poder del Espíritu Santo.

Estos "Eliseos" de los últimos días serán una nueva raza. Lou Engle los describe de la siguiente forma:

> ¿Quiénes son estos hijos e hijas? Son los que conocen el

amor y la seguridad de un padre. No son gobernados por sus hormonas, sino por los mandatos de Dios. No son motivados por un plan barato que los impulse a ayudarse a sí mismos y "fortalecer su autoestima", sino habrán sido bautizados en confianza, porque habrán escuchado la voz del Padre diciendo: "Tú eres mi hijo amado". Y gobernarán como padres para su Padre. Ellos podrán enfrentar a cada Jezabel intimidatoria, porque han construido su casa sobre la roca de la obediencia a la Palabra de Dios. Aunque caigan las lluvias y soplen los vientos, la casa permanecerá. [...]. Nuestro Dios generacional es el Dios de Abraham, Isaac y Jacob, y ahora estamos recibiendo la sinergia de las generaciones. Se está levantando una generación que regirá. La transferencia y la promoción generacional están prontas a producirse.[7]

Dios es generacional por naturaleza. Aun su revelación de sí mismo a la humanidad como Padre, Hijo y Espíritu Santo –un Dios en tres Personas– es de naturaleza generacional. Dios el Padre entregó a su unigénito Hijo para redimir a la humanidad perdida y hacer posible la salvación para todo aquel que cree. Dios el Hijo se entregó a un pequeño grupo de hijos espirituales y les impartió el Espíritu Santo para que habitara dentro de ellos continuamente. Dios el Espíritu Santo da poder a los creyentes y les permite llevar a cabo el plan redentor de Dios en una escala global. Para completar este plan, es necesario que todas las "generaciones" trabajen juntas como una. Padre, Hijo y Espíritu Santo son coiguales, coexistentes y coeternos en naturaleza, pero generacionales en su relación con la humanidad.

Cuando Dios se describe a sí mismo como el Dios de Abraham, Isaac y Jacob, no solo está identificándose a sí mismo por nombre; está describiendo su mismo ser y cómo sus propósitos avanzan a través de la historia. Dios le dijo a Abraham que sus hijos serían tantos como las estrellas del cielo o la arena del mar, pero Abraham solo tenía un hijo de la promesa: Isaac.[8] Isaac le transmitió la promesa a su hijo, Jacob, que la transmitió, a su vez, a sus doce hijos, uno de los cuales fue José, que se elevó a un lugar prominente en Egipto. Después de un comienzo modesto, en la cuarta generación apareció uno que gobernó toda una nación. Todos los hijos de Jacob fueron fructíferos, y sus descendientes se multiplicaron a lo largo de muchas generaciones, para convertirse en las doce tribus de la nación de Israel.

SUCESIÓN, NO ORIGINALIDAD

Cuando existe un movimiento sostenido y continuo de Dios en avivamiento, despertar espiritual y actividad del Espíritu Santo, siempre están involucradas diversas generaciones. Dios es el Dios de Abraham, Isaac y Jacob. La congregación del pueblo de Dios incluye a personas de todas las edades: *"Reunid al pueblo, santificad la reunión, juntad a los ancianos, congregad a los niños y a los que maman, salga de su cámara el novio, y de su tálamo la novia"* (Joel 2:16). Este llamado es un preludio a la gran promesa del versículo 28, que es de naturaleza claramente transgeneracional: *"Y después de esto derramaré mi Espíritu sobre toda carne, y profetizarán vuestros hijos y vuestras hijas; vuestros ancianos soñarán sueños, y vuestros jóvenes verán visiones"*. ¡Podría decirse que se necesita la visión de un joven para cumplir el sueño de un anciano!

En Malaquías 4:5-6 el profeta habla de restaurar los corazones de los padres a sus hijos, y los corazones de los hijos a sus padres. La revolución de Elías es un cumplimiento, en los últimos días, de esta promesa, una corporización del "espíritu de Elías", que implica la unión de, al menos, tres generaciones. Es una unción sinérgica, transgeneracional, que une la sabiduría de los ancianos con los recursos de los intermedios y el celo de los jóvenes.

Uno de los mayores problemas de la cultura occidental que también ha impregnado gran parte de la Iglesia moderna es que se haga tanto énfasis en la independencia y la originalidad. Dios no exalta la originalidad, exalta la *sucesión*. Los verdaderos héroes de la Biblia y de la historia de la Iglesia —las personas que más han hecho por el reino de Dios— no son los que salieron por su propia cuenta, sino quienes llevaron a cabo la obra y construyeron fielmente y con paciencia sobre lo que sus antecesores habían logrado. Esta sinergia entre los padres —o madres— espirituales y los hijos —o hijas— espirituales es el modelo bíblico y un principio fundamental de cómo trabaja Dios.

MULTIPLICACIÓN POR MEDIO DE LA INVERSIÓN

*E*l profeta Eliseo es un buen ejemplo. No estaba interesado en ser "original", sino en ser fiel al espíritu y al manto profético que había heredado de Elías, su padre espiritual. Como escribe Lou Engle:

> Eliseo no trató de forjar su propio ministerio, sino que llevó el manto de su padre espiritual como una medalla de honor. Vivió para cumplir los sueños de su "papá". Dado que Eliseo estuvo dispuesto a recibir un corazón de padre, ministrar como un siervo e hijo bajo la autoridad de ese padre, y someterse a su disciplina y su capacitación, recibió la herencia del manto y la doble porción del poder y la influencia de Elías. Él completó y multiplicó el ministerio de Elías y fue usado para hacer volver a la nación de la adoración a Baal.[9]

De la misma manera, los apóstoles, los escritores de los evangelios y otros creyentes de los primeros tiempos no tenían ningún deseo de ser originales o independientes. Su único deseo era ser fieles a Cristo y al mensaje del evangelio, fieles al llamado y la comisión que Cristo les había dado. Lucas lo deja bien en claro en el comienzo mismo de sus escritos: "Puesto que ya muchos han tratado de poner en orden la historia de las cosas que entre nosotros han sido ciertísimas, *tal como nos lo enseñaron* los que desde el principio lo vieron con sus ojos, y fueron ministros de la palabra, me ha parecido también a mí, después de haber investigado con diligencia todas las cosas desde su origen, *escribírtelas por orden...*" (Lucas 1:1-3a); y *"En el primer tratado*, oh Teófilo, *hablé acerca de todas las cosas que Jesús comenzó a hacer y a enseñar*, hasta el día en que fue recibido arriba, después de haber dado mandamientos por el Espíritu Santo a los apóstoles que había escogido" (Hechos 1:1-2).

Pablo fue igualmente claro en su determinación de simplemente transmitir lo que el Señor le había dado a él: *"Pero lejos esté de mí gloriarme, sino en la cruz de nuestro Señor Jesucristo"* (Gálatas 6:14); *"Pues me propuse no saber entre vosotros cosa alguna sino a Jesucristo, y a éste crucificado"* (1 Corintios 2:2). *"Porque primeramente os he enseñado lo que asimismo recibí"* (1 Corintios 15:3); *"Porque yo recibí del Señor lo que tam-*

bién os he enseñado" (1 Corintios 11:23).

Estos primeros cristianos se consideraban meros testigos y mensajeros de la verdad que les había sido revelada por el Señor. El apóstol Juan comienza su primera epístola diciendo: "Lo que era desde el principio, *lo que hemos oído, lo que hemos visto con nuestros ojos, lo que hemos contemplado, y palparon nuestras manos* tocante al Verbo de vida [...]; *lo que hemos visto y oído, eso os anunciamos,* para que también vosotros tengáis comunión con nosotros; y nuestra comunión verdaderamente es con el Padre, y con su Hijo Jesucristo" (1 Juan 1:1, 3).

Aun Jesús mismo fue, probablemente, el hombre *menos original* que haya existido. Podría haber sido diferente. Jesús podría haber sido "original" pero, en cambio, prefirió imitar a su Padre: *"De cierto, de cierto os digo: No puede el Hijo hacer nada por sí mismo, sino lo que ve hacer al Padre; porque todo lo que el Padre hace, también lo hace el Hijo igualmente. [...]. No puedo yo hacer nada por mí mismo; según oigo, así juzgo; y mi juicio es justo, porque no busco mi voluntad, sino la voluntad del que me envió"* (Juan 5:19b, 30); *"¿No crees que yo soy en el Padre, y el Padre en mí? Las palabras que yo os hablo, no las hablo por mi propia cuenta, sino que el Padre que mora en mí, él hace las obras"* (Juan 14:10). Como Eliseo, Jesús "vistió el manto" de su Padre como una medalla de honor. Dado que Jesús estaba seguro en el amor de su Padre, estaba seguro al decir y hacer solo lo que provenía de Él. Jesús buscaba la sucesión, no la originalidad.

CORRER TRAS LA VISIÓN

Dios el Padre se deleitaba en su Hijo, pero todo su ser anhelaba el día en que lo enviaría al mundo. Estaban juntos, en perfecta armonía y comunión desde el principio, pero en la plenitud de los tiempos, el Padre liberó al Hijo para que entrara al entorno humano como un bebé nacido de una virgen y acostado en un pesebre. El niño nacido se convirtió en un Hijo dado. A medida que el Hijo maduraba en Dios, aprendió obediencia por las cosas que padeció (ver Hebreos 5:8). Jesús mismo se convirtió en "padre" al multiplicarse reuniendo un conjunto de "hijos" espirituales y enviándolos en su nombre: *"Paz a vosotros. Como me envió el Padre, así también yo os envío"* (Juan 20:21b).

Este es el plan de Dios para cada persona de cada generación. Dios quiere hacer en cada uno de nosotros lo que hizo en su propio Hijo. El proceso es el siguiente: Un niño nacido se convierte, por medio de las pruebas de su carácter, en el hijo —o la hija— dado; estos hijos dados se convierten en padres y madres que se multiplican una y otra, y otra vez, criando hijos e hijas espirituales. Los padres derraman su amor incondicional en sus hijos hasta que ellos llegan a la madurez y, entonces, sueltan a sus hijos en esa etapa de la historia.

El gran deseo del Padre es llenar la Tierra con sus hijos espirituales. Esto no sucederá por medio de un curso relámpago sobre la santidad, sino con una generación que transmita paciente y fielmente a la siguiente, no solo información y conocimiento, sino también sabiduría, pasión, integridad, fe, afecto sincero y visión.

Cada generación debe aprender a honrar a quienes han ido antes que ellos, los "pioneros" de la Iglesia que han seguido su visión y han forjado un camino para que recorran sus descendientes. Muchos padres y abuelos espirituales que están vivos hoy sufren, porque aún no han visto la plenitud de lo que Dios les dijo hace veinte, treinta o quizá cincuenta años o más. Ellos anhelan ver su visión cumplida en sus hijos.

Justo antes de mudarse desde Kansas City, Misuri, hasta Nashville, Tennessee, Jim tuvo un sueño impactante. En él vio un cuaderno de anotaciones con el número 1988 escrito en la tapa. Ese año fue uno de mucha actividad profética en el Cuerpo de Cristo y tiempo de nuevos comienzos.

Cuando Jim abrió el cuaderno, en su sueño, leyó oraciones y declaraciones de compromiso que habían hecho diferentes personas en 1988. Entonces, para su sorpresa, cuando volvió la cuarta página, vio —iy pudo leer!— escritas con sus propias manos, las palabras de este conmovedor voto: "Yo, Jim Goll, me comprometo a ser el vaso único que Dios me creó para ser y me comprometo a hacer todo aquello para lo que Él me creó". Y continuaba: "Y me comprometo a ayudar a otros a ser los vasos únicos que Dios los ha creado para que sean y ayudarlos a ser todo lo que puedan ser en Dios". Después vio su propia firma... icomo escrita con sangre!

Sí, Dios quiere que seamos seguros, únicos y múltiples. Él quiere ser fructífero.

PLANTAS CRECIDAS Y ESQUINAS LABRADAS

Cuando los hijos honran a sus padres y abuelos, la sinergia de las generaciones comienza a hacerse realidad. Así, el honor se convierte en un puente relacional que permite que se produzca la transferencia generacional. El Señor toma la sabiduría de la generación mayor, y la mezcla con los recursos de la generación intermedia y el celo de la generación joven. Mientras la generación joven sale a actuar, los mayores los alientan, diciendo: "¡Vamos, vamos, vamos! ¡Corran tras la visión! Les daremos consejo, les daremos sabiduría, les daremos nuestra experiencia. Los apoyaremos con nuestros recursos y nuestras oraciones. ¡Sigan la visión!"

Para que esta clase de armonía y unidad transgeneracional se concrete en plenitud, la Iglesia actual debe pasar por un significativo cambio de paradigmas. La generación más joven debe aprender nuevamente a estimar a sus mayores y respetarlos, sin desestimar sus ideas, valores y consejos como extrañas reliquias del ayer que han pasado de moda. Por su parte, las generaciones intermedia y mayor deben estar dispuestas a ver a los jóvenes a través de un nuevo lente; a dejar de verlos simplemente como niños inmaduros, que poco o nada tienen para ofrecer, y reconocer tanto sus dones como su utilidad para el reino de Dios. Los corazones de los padres deben volverse hacia los hijos, y los corazones de los hijos deben volverse hacia los padres, en un reconocimiento mutuo de respeto e independencia.

Salmos 144:12 dice: *"Sean nuestros hijos como plantas crecidas en su juventud, nuestras hijas como esquinas labradas como las de un palacio"*. Una "planta crecida" es una planta que ha llegado a la madurez y está lista para fructificar y producir en plenitud. Las *"esquinas labradas"* son columnas angulares, apoyos estructurales fundamentales; si se las derriba, todo el edificio se derrumba.

La utilidad, en el reino de Dios, no es exclusiva de un género. No es un asunto de edad. Más que nada, es un asunto de madurez y llamado. Los miembros de las generaciones intermedia y mayor necesitan reconocer que los hijos y las hijas, en su juventud, deben ser tratados con privilegios "de adultos", no solo en el mundo, sino también en la Iglesia. Estos hijos espirituales deben ser equipados, alentados, y deben recibir poder, según sus dones, para imponer sus manos a los enfermos, servir como líderes en la iglesia, predicar, enseñar, dirigir la adoración, servir la comunión, echar fuera demonios y servir en otras áreas de ministerio. Muchos, por su capacidad de pensar "fuera de lo tradicional" serán muy útiles a la hora de desarrollar estrategias creativas para alcanzar a otros y para muchas otras cosas más; estrategias que los conectarán con los miembros de su propia generación que, de otro modo, quizá no podrían ser alcanzados.

Durante demasiado tiempo la Iglesia se ha visto obstaculizada por una extendida tendencia a considerar a los creyentes más jóvenes como "ministros en espera" que deben ser contenidos hasta que sean "suficientemente mayores" como para ser útiles. La madurez es importante, pero la madurez espiritual para el ministerio no siempre es cuestión de edad cronológica. Salmos 144:12 dice: *"Sean nuestros hijos como plantas crecidas en su juventud, nuestras hijas como esquinas labradas como las de un palacio"*. No dice: "Después que hayan tenido diez años de capacitación, cuatro años de estudios en el seminario y haberse capacitado en el campo durante otros seis, y después que finalmente confiemos en que no cometerán los mismos errores que nosotros cometimos, dejaremos en libertad a nuestros hijos e hijas para que levanten la cosecha que ya se ha podrido en el campo". La educación y la capacitación formal tienen un lugar de vital importancia, particularmente para aquellos que son llamados a ministerios y lugares de servicio que así lo requieren. Sin embargo, la falta de estudios o el temor al fracaso no deben jamás, por si mismos, convertirse en excusas para negar a los creyentes la oportunidad de participar en ministerios apropiados, sin importar su edad.

¿DESEA LEVANTAR UNA COSECHA?

"Nuestros graneros llenos, provistos de toda suerte de grano; nuestros ganados, que se multipliquen a millares y decenas de millares en nuestros campos" (Salmos 144:13).

La necesidad de esta hora es grande. ¿Dónde están los padres y madres espirituales que oren en el espíritu de Elías: "Dios, dame un hijo o una hija espiritual"? ¿Dónde están los "ancianos" que bendigan a esos hijos con su tiempo, su conocimiento y todas las buenas cosas que Dios les ha dado? ¿Dónde están los mentores que compartirán su vida con esos hijos, sabiendo que la transferencia generacional es impartir vida, no solo información? ¿Dónde encontrarán los hijos e hijas espirituales, padres espirituales que sueñen con ellos y para ellos, que los ayuden a descubrir las pasiones y el destino que Dios les ha dado, que los alienten e intercedan por ellos?[10]

La responsabilidad fomenta la madurez, y la madurez lleva a mayores responsabilidades. La revolución de Elías requiere que las generaciones se unan. Esto significa, en parte, la promesa de que los padres y madres traten a sus hijos como plantas crecidas y a sus hijas como esquinas labradas en el palacio del rey. Significa que los padres espirituales se comprometan a hablar con sabiduría, fortaleza y visión a las vidas de sus "hijos". Significa impartir bendición por medio de una palabra pronunciada o un toque significativo, valorarlos y tenerlos en alta estima, ayudarlos a ver su futuro en la familia de Dios. Significa ayudarlos con pasos prácticos, proveerles los recursos necesarios, y darles autoridad para que puedan cumplir la comisión que Dios les ha dado.

¿Quién se levantará para responder a este desafío? ¿Quién clamará al Señor: "¡Yo ayudaré a criar la generación sin padres! ¡Dios, dame un hijo o una hija espiritual!"? ¿Lo hará usted?

...de que se levanten los nazareos

Cada verano, desde 1991, durante la semana anterior al Día del Trabajo, se produce un hecho extraño en el desierto Black Rock, al norte de Reno, Nevada, Estados Unidos. Descrito por un participante como "una zona autónoma temporaria al borde de la eternidad"[11], el festival del "Hombre en llamas" es una "celebración" anual de misticismo y neopaganismo de la Nueva Era. La asistencia a este festival casi se ha duplicado cada año, hasta que, actualmente, "Hombre en llamas" atrae a decenas de miles de personas de todos los Estados y muchos países extranjeros, proponiéndoles una semana de "autoexpresión y autoconfianza absolutas"[12]. La culminación de la semana es la quema de una figura de madera que representa en forma abstracta a un hombre, que le da nombre al festival.

Las reglas que gobiernan la "autoexpresión" absoluta de los participantes son escasas, así que el festival del "Hombre en llamas" es una exhibición abierta de comportamiento hedonista, incluyendo desnudez y sexualidad explícita, tanto heterosexual como homosexual, arte "callejero", "campamentos temáticos" y dramatizaciones, muchas de las cuales exaltan a Satanás, se burlan de Dios y menosprecian el cristianismo. Este festival atrae particularmente a los adeptos a la Nueva Era, los ocultistas, los satanistas, los naturistas y otros neopaganos, así como a personas que simplemente buscan un lugar donde puedan, virtualmente, sacarse de encima todas las restricciones de la sociedad por un rato.

En general, el festival del Hombre en llamas es un ejercicio de rebelión e indulgencia.

El mundo está en un punto crítico. El festival del Hombre en llamas es simplemente una señal gráfica que revela la desesperante caída moral y la confusión espiritual que tiene a la nación sobre el filo de la navaja, a punto de caer. Hay solo dos opciones: arrepentirse o perecer.

Dios preferiría mucho más derramar su misericordia que su ira. Con ese fin, ya está levantando su respuesta al Hombre en llamas de Nevada y todo lo que él representa: un grupo de guerreros apasionados que dicen: "¡Tolerancia cero!" al mal y se plantan firmemente en contra de las componendas, la corrupción y la idolatría en la Tierra. Comprometidos a vivir una vida de total abandono a Cristo y consumidos por la pasión por la santidad, estos guerreros intrépidos están respondiendo al llamado de Dios para que se paren en la brecha e intercedan por un cambio en la nación. Con su armadura espiritual bien afirmada en su sitio, y sus corazones ardiendo con fuego santo, estos siervos/soldados del Rey están listos para ser los "hombres –y mujeres– en llamas" del Rey, para contrarrestar la marea creciente de paganismo, pluralismo, secularismo, inmoralidad y mundanalidad que amenaza con tragarse el país.

La necesidad es grande. Así como los nazareos surgieron en el Israel del pasado para obrar en un tiempo desesperante, ha llegado la hora de que en este mundo surja una nueva generación de nazareos. Jim señala este punto en su libro *Wasted on Jesus* (*Consumidos por Jesús*):

> En el mundo actual, se está desarrollando un conflicto feroz en que las fuerzas del mal se yerguen contra las fuerzas del bien. Estamos en una era de altares que compiten: el fuego demoníaco contra el fuego santo, la pasión mundana contra la pasión por Dios. Las líneas de batalla han sido marcadas, y la lucha irá intensificándose cada vez más mientras esta generación de los últimos tiempos se desenvuelve delante de nosotros. [...]. Pero los fieros y apasionados radicales [de Dios] conformarán la primera oleada de tropas de asalto en esta lucha cósmica por determinar qué "sustancia controladora" gobernará nuestras vidas. Ellos son la vanguardia de un gran ejército al que consume la poderosa pasión espiritual que se está extendiendo hoy por todo el Cuerpo de Cristo.[13]

Hijos con un destino

*E*n la Biblia, los nazareos eran personas de extrema devoción a Dios quienes, entre otras cosas, dejaban su cabello sin cortar como muestra de su consagración. Al dejarse el cabello largo estaban diciendo: "No nos interesa demostrar nuestra devoción a Dios con lo mínimo posible, sino yendo lo más lejos posible. Literalmente, estamos explorando todo lo lejos que puede llegarse en la consagración".

Otra característica de los nazareos era que no bebían vino, ni comían uvas ni pasas, cosas todas que representaban los dulces placeres de la vida. Abstenerse de esta forma de los productos de la uva era la forma en que los nazareos demostraban que ninguno de los placeres de esta vida podía igualarse al placer de conocer a Dios íntimamente.

En la actualidad, están surgiendo en la Iglesia personas de igual inclinación. Aunque no necesariamente lleven alguna marca exterior visible que los identifique, como el cabello largo que usaban sus contrapartes de la antigüedad, estos nuevos radicales de Dios tienen un firme sentido de que son llamados y apartados con un propósito santo. Dios los ha marcado como nazareos.

> Los nazareos son personas especiales. Como revela el Antiguo Testamento, Dios los levanta cuando su pueblo está en gran desesperación por haber sucumbido a la corrupción moral y espiritual. Una y otra vez, durante la historia de Israel, los nazareos cambiaron la corriente de la degeneración espiritual y nacional.[14]

¿Podría suceder lo mismo hoy? Dios quiere salvar al mundo, no juzgarlo. ¿Puede hacerse algo para dar vuelta la corriente de la "corrupción moral y espiritual" de manera de revertir la "degeneración espiritual y nacional" que tan gráficamente simboliza el Hombre en llamas de Nevada?

Lou Engle ha predicado durante largo tiempo acerca del Hombre en llamas y la necesidad de que Dios levante sus propios "hombres en llamas" para ayudar a dar vuelta el mundo. Varios meses antes que se llevara a cabo *El llamado* en Washington DC, se enteró de un importante encuentro profético relacionado con todo este tema.

«Un joven llamó a un amigo mío y le contó un sueño que había tenido. Este joven no tenía ninguna conexión conmigo y nunca había escuchado nada de mi prédica sobre el "Hombre en llamas". Él vio un gran campo lleno de jóvenes que se acercaban para orar. De repente, una figura de un hombre en llamas de cuatro pisos de altura apareció en el campo, e instantáneamente todos los jóvenes corrieron, dispersándose en busca de protección. En su sueño, el joven corrió detrás de una tienda y comenzó a clamar a Dios: "Señor, ¿qué podemos hacer? ¿Cómo quebraremos el poder de este hombre en llamas?" Entonces vio un recipiente plástico, como los que se usan para guardar el almuerzo de un niño escolar, que decía: "La sorpresa de los nazareos" en un costado. El joven tomó el recipiente y se lo arrojó al hombre en llamas, que se desintegró.»

Cuando me enteré de este sueño, estuve reflexionando sobre él durante mucho tiempo, sin estar seguro de su significado. La referencia a la "sorpresa" hablaba de un momento o una situación o de personas que repentinamente se reúnen en forma fortuita, para llegar a un acuerdo o producir un resultado valioso. Es como una cita divina.

Unos días antes de El llamado en Washington DC, el Espíritu Santo me dio la interpretación. Me dijo: "Lou, estos jóvenes nazareos irán al Mall. Quiero que les digas que se desprendan de su almuerzo durante cuarenta días —que se lo "arrojen" al hombre en llamas— y que oren por sus escuelas. Lanza este desafío a decenas de miles de jóvenes, para que dejen de almorzar durante cuarenta días para orar por un gran avivamiento en su país".

Eso fue lo que hicimos. Convocamos a estos jóvenes a que dejaran de lado su almuerzo y ayunaran para orar por su país, y muchos de ellos aceptaron el desafío.

En todo el país, miles de jóvenes cristianos están comenzando a descubrir su destino en el Señor. Muchos han sido cautivados por la visión y la pasión de levantarse y ayudar a moldear el futuro moral y espiritual de su nación. En el antiguo Israel, los nazareos fueron, muchas veces, la bisagra de la historia, parte crucial de la estrategia de Dios para llevar avivamiento y restauración a su pueblo. Hoy como entonces, Dios está buscando jóvenes nazareos que estén dispuestos a ser la bisagra por medio de la cual pueda hacer volver el mundo a Él.

APASIONADOS POR DIOS

Ya sea en el Israel antiguo o en la Iglesia del siglo XXI, los nazareos comparten un celo ardiente por Dios y un celo consumidor por la gloria y la reputación de su nombre. Nada enciende sus espíritus más que vivir entregados a Él en absoluto abandono. Encuentran su supremo gozo en andar en comunión íntima con Dios y obedecer su voluntad en todo.

La tradición de los nazareos se remonta a muchísimo tiempo atrás. Esta orden de hombres y mujeres religiosos surgió en las primeras épocas de la historia de Israel, al menos en la época de la ley mosaica.[15] Las pautas que debían seguir los nazareos, según la Biblia, se encuentran en el sexto capítulo de Números:

Habló Jehová a Moisés, diciendo: Habla a los hijos de Israel y diles: El hombre o la mujer que se apartare haciendo voto de nazareo, para dedicarse a Jehová, se abstendrá de vino y de sidra; no beberá vinagre de vino, ni vinagre de sidra, ni beberá ningún licor de uvas, ni tampoco comerá uvas frescas ni secas. Todo el tiempo de su nazareato, de todo lo que se hace de la vid, desde los granillos hasta el hollejo, no comerá. Todo el tiempo del voto de su nazareato no pasará navaja sobre su cabeza; hasta que sean cumplidos los días de su apartamiento a Jehová, será santo; dejará crecer su cabello. Todo el tiempo que se aparte para Jehová, no se acercará a persona muerta. Ni aun por su padre ni por su madre, ni por su hermano ni por su hermana, podrá contaminarse cuando mueran; porque la consagración de su Dios tiene sobre su cabeza. Todo el tiempo de su nazareato, será santo para Jehová. [...]. Esta es la ley del nazareo que hicie-

re voto de su ofrenda a Jehová por su nazareato, además de lo
que sus recursos le permitieren; según el voto que hiciere, así ha-
rá, conforme a la ley de su nazareato (vv.1-8, 21).

Desde el principio, los nazareos tuvieron una poderosa influencia sobre el espíritu y la conciencia de la nación.

Dios levantó a estos jóvenes hombres y mujeres para llamar la atención sobre la corrupción espiritual de su pueblo y para protestar por el hecho de que falsos dioses
habían capturado sus corazones. Ellos fueron la "generación X" –la generación extrema– de su época; se convirtieron en modelos para su generación.[16]

Aunque en la mayoría de los casos el voto de nazareato era un
compromiso temporario por un período y un propósito específicos, la
Biblia habla de personas que fueron nazareas durante toda su vida.
Sansón fue apartado como nazareo aun antes de nacer. Durante toda
su vida libró a Israel de la mano de los filisteos. Samuel fue nazareo
durante toda su vida. Consagrado al Señor antes de su nacimiento, como Sansón, Samuel ocupó una posición totalmente única. Además de
ser sacerdote, también fue el último de los jueces de Israel y el primero de una larga línea de profetas. Samuel ungió a los dos primeros reyes de Israel –Saúl y David– y, por medio de su propio ejemplo,
mantuvo los corazones del pueblo concentrados en el Señor. Juan el
Bautista fue nazareo toda su vida y apareció como una *"voz que clama*
en el desierto" –fue el primer profeta en Israel después de cuatrocientos años– para anunciar la venida del Mesías. Por medio de su estilo
de vida y su mensaje, Juan despertó y acondicionó a una nación espiritualmente adormecida para que se volviera a Dios y esperara con expectativa la pronta llegada de su Rey.

Sansón, Samuel y Juan el Bautista compartían una devoción absoluta por Dios que afectó el destino de la nación toda. Aunque las debilidades personales de Sansón y su autoindulgencia produjeron su propia
caída, en el final renovó su consagración como nazareo a Dios. Al morir, Sansón mató más filisteos que durante toda su vida.

La consagración del nazareato constituía una oportunidad para que quienes no eran sacerdotes se comprometieran en forma absoluta con Dios. Aunque el sacerdocio judío estaba limitado por ley a los hombres de la tribu de Leví, el voto de nazareo estaba abierto para todos, hombres o mujeres, de cualquier tribu. La consagración del nazareato era para las "personas comunes" que querían hacer algo especial para Dios, ir a los extremos por Él; personas comunes que querían apartarse en forma extraordinaria para Dios, en una vida de santidad extrema. Una mirada más detallada al voto de nazareato en Números 6 ayudará a revelar lo que encendía el corazón de estos apasionados de Dios.

MARCADOS POR DIOS

$\mathcal{E}$l voto de nazareato consistía, esencialmente, en tres restricciones que debían observar los que tomaban el compromiso: abstenerse de todos los productos de la uva, dejar sin cortar el cabello, y evitar todo contacto con cualquier cosa que estuviera muerta. A primera vista, estas condiciones pueden parecer demasiado legalistas. Pero, en realidad, los nazareos las aceptaban voluntariamente como marcas exteriores de su consagración interior, símbolos externos de su absoluto amor por Dios.

Primero, el nazareo no podía comer uvas ni pasas, ni beber vino ni jugo de uva. ¿Por qué, no? ¿Qué tiene que ver el abstenerse de estas cosas con apartarse en forma absoluta para Dios? La respuesta está en lo que esas cosas representan. En *The Call Revolution* (*La revolución del llamado*), Lou Engle escribe:

> El vino es el símbolo del gozo natural; las uvas, fuente de la dulzura y el placer dados por Dios. Para el hebreo, disfrutar de las uvas era un placer legítimo. Pero el nazareo no podía, ni deseaba, siquiera, tocar esas cosas. ¿Por qué? Esta es la base del voto del nazareo: *Estos santos amantes de Dios se negaban el placer legítimo de esta vida a cambio del placer extremo de conocer a Dios.*[17]

Al abstenerse de uvas y de todos su derivados, los nazareos le decían a Dios: "Todas nuestras fuentes de gozo están en ti". Voluntariamente renunciaban a las cosas buenas de la Tierra a cambio del gozo mayor de concentrarse exclusivamente en las gloriosas cosas de Dios. Esta era una negación extrema de sí mismos, expresión de amor absoluto. Como tal, simbolizaba el compromiso del nazareo al más alto nivel de pureza, "una pureza que libremente elige abstenerse de lo que es aceptable, con el propósito de obtener lo que de otra manera sería imposible obtener".[18] Los nazareos no permitían que nada ocupara sus pensamientos o sus afectos más que Dios. Dios era su todo.

Renunciar a la uva y al vino y los demás productos tenía otro propósito. Al evitar cualquier cosa fermentada, el nazareo estaba diciendo: "Voy a mantenerme alejado de cualquier cosa, cualquier otro espíritu que pudiera poseerme o controlar mis facultades, para poder ser poseído por Dios". Esta es la misma actitud que tenía en mente Pablo cuando dijo: *"No os embriaguéis con vino, en lo cual hay disolución; antes bien sed llenos del Espíritu"* (Efesios 5:18).

La segunda, y más visible, marca de un nazareo era su cabello largo. Esto los hacía destacarse notablemente en medio de otras personas. El cabello largo simbolizaba la fuerza de su compromiso con Dios, hacía que debieran ser responsables delante de los demás por su fidelidad al voto, y servía como marca pública de su consagración.[19] Mantener el cabello largo era lo que les recordaba a los nazareos que los ojos de hombres y los de Dios estaban sobre ellos. Los alentaba a andar con cuidado delante del Señor.

El voto impedía a los nazareos que se pusieran en contacto con cualquier cosa que estuviera muerta, incluyendo a los miembros de su propia familia. Esta prohibición simbolizaba dos cosas. Primero, significaba que se abstendrían de cualquier cosa que llevara muerte a su alma, cualquier cosa que pudiera usurpar su pasión o contaminar su poder. Segundo, se refería a renunciar a las obras muertas y el legalismo. Esta clase de sacrificio, de compromiso extremo con Dios, no debía ser realizado como un deber religioso desprovisto de vida, sino por pasión. Para un nazareo, la religión no era un formalismo frío y una tradición muerta, sino una relación con un Dios vivo llena de vida vibrante y caracterizada por una entusiasta obediencia. Los nazareos se sacrificaban y servían al Señor, no porque tuvieran que hacerlo, sino porque lo deseaban.

¡NAZAREOS, A LUCHAR!

Históricamente, los nazareos siempre parecían entrar en escena cuando había una gran conmoción espiritual en la Tierra. Con sus cabellos largos y sus formas extremas de actuar, los nazareos eran los "*hippies* santos" de su época, un movimiento contra cultura de santos guerreros comprometidos a hacer un contraataque santo contra la rebelión espiritual que caracterizaba a gran parte del resto de la nación. Dios los levantaba como conservadores de una sociedad que se hundía rápidamente en la corrupción espiritual y la inmoralidad. Estos jóvenes revolucionarios se paraban en la brecha como la "sal" del pacto para la preservación de la nación. Como integrantes de la contracultura, iban en contra de las tendencias más comunes diciendo: "¡No! Nos negamos a inclinarnos ante sus dioses. Nos negamos a ceder. No cederemos hasta que hayan desaparecido de esta tierra todos los altares a Baal".

Dado que los nazareos generalmente eran respetados por su pasión y la profundidad de su compromiso, muchos de ellos también fueron eficaces líderes para su pueblo. *"Aquel día cantó Débora con Barac hijo de Abinoam, diciendo: Por haberse puesto al frente los caudillos en Israel, por haberse ofrecido voluntariamente el pueblo, load a Jehová"* (Jueces 5:1-2). La palabra hebrea que se traduce como "haberse puesto al frente" está relacionada con una raíz que, literalmente, significa 'soltar los rizos'. En otras palabras, cuando los líderes de Israel "se soltaron el cabello", el pueblo se ofreció voluntariamente a seguirlos en la batalla. Estos eran nazareos que habían hecho un voto de guerra santa contra Sísara y su ejército. Como William "Corazón Valiente" Wallace, de Escocia, ellos se soltaron el cabello y corrieron a la batalla. Cuando los nazareos se ponen al frente, el resto del pueblo se ofrece voluntariamente a seguirlos.

Están surgiendo nazareos en este mundo, jóvenes que arden de celo por Dios y por su buen nombre, que están dispuestos a pararse en la brecha por su país y decir: "¡Basta de profetas de Baal! ¡Basta de toda la basura que sale de Hollywood y los estudios de televisión! ¡Basta de tolerancia, basta de ceder! ¡Basta de abortos, drogas y crímenes violentos que destruyen a nuestra generación! ¡Basta de leyes que sacan a Dios y a la voz profética de la Iglesia del ámbito público! ¡No nos iremos, no nos daremos por vencidos, no cejaremos hasta que todos los 'altares de Baal' sean quitados de nuestra Tierra!"

Esa es la clase de celo que se necesita para derribar las malvadas fuerzas de este país y restaurar sus fundamentos de piedad. Necesitamos una generación de nazareos como contracultura para las tendencias prevalecientes en la sociedad.

Ha llegado el momento de que los nazareos se levanten en nuestro país para orar y ayunar por un avivamiento y para enfrentar a las fuerzas de las tinieblas y la impiedad en la Tierra. Un voto de nazareato es un compromiso muy serio. Nadie debería hacer este voto si no ha orado seriamente al respecto, se ha convencido de que es la voluntad de Dios, y ha considerado el costo de hacerlo.

Como los nazareos del 5 capítulo, de Jueces, que se pusieron al frente del pueblo en la batalla, nuestro país necesita un ejército de nazareos, un ejército de la aurora que, en la hora más negra de la historia de la nación, se levante para orar y ayunar por la llegada de un nuevo día. Este es el amanecer de una nueva revolución de Jesús.

En el pasado, los nazareos fueron, muchas veces, la bisagra de la historia en Israel. Hoy, nuestro país está en la bisagra de la historia; la puerta puede girar hacia cualquier lado. Dios está llamándonos a un movimiento transgeneracional masivo de jóvenes y adultos que oren y ayunen, tomen el voto de nazareato y abran los cielos.

Salmos 11:3 dice: *"Si fueren destruidos los fundamentos, ¿qué ha de hacer el justo?"* Puede clamar a Dios y ofrecerse como sacrificio vivo, como altar sobre el cual puede caer su fuego. Si los justos oran y ayunan, Dios mismo hará caer a los profetas de Baal, enviará fuego del cielo, y dará vuelta el país. No es suficiente con medidas aisladas. La necesidad de este tiempo demanda algo más: una entrega absoluta a Dios y un compromiso extremo con su santidad. Este es el llamado de los nazareos. Este es el espíritu de Elías, y es terriblemente necesario en este momento.

Hace un tiempo, Lou recibió de una de estas "jóvenes en llamas" un poema que capta perfectamente el fuego consumidor que arde en los corazones de los nuevos nazareos de Dios. Que sus palabras constituyan el grito de guerra del ejército del Señor. ¡Nazareos, a luchar!

PARA UN TIEMPO COMO ESTE

Fui formado para este día,
nacido para esta hora,
un día de revolución;
una invasión de tu poder.

Somos las señales de Juan el Bautista,
plantadas bien alto en una colina,
levantando voces como trompetas
y haciendo toda tu voluntad.

Mi corazón fue hecho para arder,
mi destino es extremo.
Llamado para ser un nazareo,
una máquina de fuego y fe.

Estoy ayunando en el desierto
y enderezando el camino.
Proclamando, por tu Espíritu,
"¡La misericordia triunfa sobre la ira!"

Estoy poniendo mi futuro
en adoración, a tus pies.
Estoy llamando un avivamiento
que llene las calles de nuestro país.

Estoy levantando mi voz
a Dios, que escucha la oración:
"¡Haz de mí una bisagra en la historia!"
Y Él responde: "¡Eso te haré, si te atreves!"

Para ver al Cordero exaltado
y su recompensa segura
viviré una vida de sacrificio
y haré escuchar su voz.

Para un tiempo como este
y para esta misma hora
Dios ha llamado a una generación
que sea canal de su poder.

La compañía de Juan el Bautista
con Elías en su sangre
ardiendo en el desierto.
Para que Dios envíe un diluvio.[20]

SEGUNDA PARTE

La Batalla
de todos
los Tiempos

CAPÍTULO 5

El espíritu de Elías contra el espíritu de Jezabel

Por toda la Tierra se están demarcando las líneas de batalla para la próxima confrontación en la más grande guerra de la historia. El conflicto no es nuevo; en realidad, es viejo como el tiempo. Por un lado se yergue el adversario, un espíritu demoníaco que busca destruir la familia, la moral, la integridad y todo elemento de una sociedad temerosa de Dios. Su meta es neutralizar a los líderes legítimos y velar los ojos humanos a la realidad del único Dios verdadero, y sus armas son el engaño, la mentira, la manipulación y el control. Aunque este espíritu de tinieblas no tiene sexo y se manifiesta tanto en las vidas de las mujeres como en las de los hombres, y ha aparecido —a través de los siglos— en muchas formas de engaño que se van adaptando según las épocas, esta diabólica criatura se identifica comúnmente con el nombre de "espíritu de Jezabel".

Formado en contra de esta fuerza demoníaca está el ejército del Rey de reyes, la Iglesia, ungida por la gracia de Dios y dotada por el Espíritu Santo con su poder y autoridad. La Iglesia, que lleva la misma presencia profética que estuvo sobre Elías en la antigüedad, se alza en absoluta antítesis al espíritu de Jezabel. Elías y Jezabel eran enemigos a muerte.

Hoy, el espíritu de Jezabel ejerce un rol importantísimo en el poder del mal sobre las naciones del mundo. Muchas de las ideologías, los "moldeadores de mentes" que dan forma a las opiniones, los valores y la cosmovisión de jóvenes y viejos, están esclavizados por esta influencia satánica. Hollywood está saturado de ella. También lo están la industria de la música, el entretenimiento y la información. La mayoría de las escuelas públicas y las universidades e institutos terciarios seculares de los Estados Unidos son bastiones de una cosmovisión totalmente humanista que es contraria a Dios y al cristianismo.

Bajo la fuerza manipuladora y destructiva del espíritu de Jezabel, el gobierno, en años recientes, ha aprobado leyes y políticas que destruyen la fibra social, moral y espiritual del país. Hace una generación se decidió, por ley, prohibir que se orara en las escuelas. El aborto legalizado a pedido le ha restado valor a la vida humana. Los Diez Mandamientos se han convertido en las "Diez Sugerencias". Las leyes que restringen la libre expresión pública de la fe de las personas, especialmente las que son cristianas, hacen que la llamada "neutralidad" del Estado en materia de religión sea, en realidad, una burla. Los valores y los principios bíblicos están constantemente bajo ataque.

Esto no significa que estemos condenando a los medios, las escuelas, el gobierno u otra industria o institución humana en sí misma. Es simplemente un recordatorio de que *"no tenemos lucha contra sangre y carne, sino contra principados, contra potestades, contra los gobernadores de las tinieblas de este siglo, contra huestes espirituales de maldad en las regiones celestes"* (Efesios 6:12). Las instituciones y las industrias no son el enemigo. Tampoco lo son las personas que trabajan en ellas. El enemigo es ese espíritu inmundo, engañador y diabólico, que ha atrapado en su fortaleza a muchas de ellas y trabaja para capturar a generaciones enteras y colocarlas bajo su atadura demoníaca.

En esta lucha cósmica antigua como el universo, la Iglesia no es, de ningún modo, inmune. Por medio de engaños y sutiles trampas, el espíritu de Jezabel puede ganar terreno en un cuerpo de creyentes incautos y así comenzar su tarea de corromper la fe, distorsionar la verdadera adoración y socavar la autoridad puesta por Dios. Siguiendo la estratagema de "dividir para conquistar", el espíritu de Jezabel apunta a diluir y trivializar el ejercicio de los auténticos dones espirituales, y silenciar en forma efectiva la voz profética de la Iglesia.

La única respuesta para esta influencia de Jezabel en la Iglesia o en cualquier otro lugar es verdadero discernimiento, arrepentimiento de rodillas y victoria a través de la sangre de Jesucristo. Los creyentes de todas partes que tienen sensibilidad espiritual y una verdadera carga deberían presentarse delante del Señor en arrepentimiento identificatorio, en representación de todo el Cuerpo de Cristo, por haber permitido que la influencia de Jezabel se haya extendido por todas partes. Junto con esto debe haber una intensa intercesión para que estas fortalezas demoníacas sean destruidas, de manera que se cumplan las palabras de Isaías 60:18: *"Nunca más se oirá en tu tierra violencia, destrucción ni quebrantamiento en tu territorio, sino que a tus muros llamarás Salvación, y a tus puertas Alabanza"*.

Para que el espíritu de Jezabel sea destruido es necesario que el pueblo de Dios ore y ayune como nunca antes. A través de un sueño estremecedor que tuvo en diciembre de 2000, Lou recibió una palabra del Señor que decía: "Nadie está apuntando a las falsas ideologías con oración y ayuno masivo". Esto ahora se ha convertido en la brújula central que guía los planes de todos las futuras convocatorias masivas que se realicen para *El llamado*. Jesús dijo que hay algunas fuerzas demoníacas que no pueden ser echadas fuera si no es por medio de la oración y el ayuno (ver Mateo 17:21).

Estados Unidos y las demás naciones, deben enfrentar, ya sea el juicio o el avivamiento. La forma en que la Iglesia responda en esta hora será vital para determinar hacia qué lado se inclinará la balanza. La revolución de Elías tiene como fin principal exponer y destruir la influencia de Jezabel, y traer restauración a la Tierra. Sucedió en la época de Elías ¡y puede suceder hoy también!

ACAB Y JEZABEL

*U*na de las formas básicas en que el espíritu de Jezabel gana terreno hacia el poder es engañando y corrompiendo a los líderes genuinos. Los líderes corruptos hacen que su pueblo también se aparte. *"Si un gobernante atiende la palabra mentirosa, todos sus servidores serán impíos"* (Proverbios 29:12). La palabra hebrea aquí utilizada se refiere fundamentalmente a una orden elevada de servidores,[21] pero también puede referirse a un servicio de naturaleza insignificante.[22] El mal en los líderes no solo afecta a sus subalternos principales, sino también a la gente común. Uno de los mejores ejemplos bíblicos de esto se ve en el reinado de Acab, rey de Israel, y su esposa Jezabel.

> *Comenzó a reinar Acab hijo de Omri sobre Israel el año trein-*
> *ta y ocho de Asa rey de Judá. Y reinó Acab hijo de Omri sobre*
> *Israel en Samaria veintidós años. Y Acab hijo de Omri hizo lo*
> *malo ante los ojos de Jehová, más que todos los que reinaron an-*
> *tes de él. Porque le fue ligera cosa andar en los pecados de Jero-*
> *boam hijo de Nabat, y tomó por mujer a Jezabel, hija de Et-baal*
> *rey de los sidonios, y fue y sirvió a Baal, y lo adoró. E hizo al-*
> *tar a Baal, en el templo de Baal que él edificó en Samaria. Hi-*
> *zo también Acab una imagen de Asera, haciendo así Acab más*
> *que todos los reyes de Israel que reinaron antes que él, para pro-*
> *vocar la ira de Jehová Dios de Israel* (1 Reyes 16:29-33).

Israel fue establecido como una nación santa para el Señor. Él era su Dios, y ellos eran su pueblo. Pero los israelitas se apartaron de Dios y descendieron a una burda inmoralidad e idolatría, debido, en gran parte, al destructor ejemplo de gobernantes corruptos y transigentes.

Acab fue uno de los peores. Contrarió la orden de Dios de que los israelitas no debían casarse con gente de las naciones que los rodeaban, y tomó a la princesa pagana Jezabel como esposa. Jezabel venía de una familia muy religiosa. Su padre, Et-baal, había recibido el nombre de su dios. Ellos y su pueblo eran sidonios, una nación de cazadores que adoraban a Baal y a Astarot, la diosa del amor, la fertilidad y la guerra. Su religión era, básicamente, un culto de fertilidad en el que se hacían sacrificios de niños, una adoración sensual y licenciosa, y ritos de fertilidad de naturaleza tanto heterosexual como homosexual.

Jezabel era muy religiosa y convirtió a Acab. Pero su religión era una religión falsa, idólatra, que adoraba las obras de manos humanas, una religión de forma y sin poder. Acab era un hombre de carácter débil que tomaba a la ligera el pecado y mostraba completo desprecio por las leyes de Dios. Bajo la maligna influencia de Jezabel, Acab fue arrastrado profunda y totalmente a la idolatría.

Así obra el espíritu de Jezabel. Jezabel no puede tener mucha influencia si no cuenta con un Acab. El nombre Jezabel significa "no convivir". Jezabel no podía convivir; tenía que tomar el poder. Era su naturaleza. Aun en su matrimonio no podía convivir; tenía que tener el control.

Muchas eran sus armas: engaño, coerción, manipulación, humillación, falsedad, adulación, calumnias... lo que fuera, con tal de ganar el control. Acab no podía hacerle frente. Juntos, hicieron que el pueblo de Israel cayera cada vez más profundamente en un pozo de inmoralidad e idolatría del que nunca pudo recuperarse del todo.

En medio de una tierra establecida con raíces de piedad, Jezabel mató a todos los profetas de Dios a quienes logró atrapar. Además de Elías, ninguno sobrevivió, con excepción de cien de ellos a quienes Abdías, mayordomo de la corte de Acab, escondió en dos cuevas y cuidó (ver 1 Reyes 18:3-4). Jezabel sostenía, además, a una escuela entera de cuatrocientos cincuenta profetas de Baal y cuatrocientos de Asera, que comían de su mesa (ver 1 Reyes 18:19). La corrupción espiritual en el reinado de Acab y Jezabel fue tan profunda que, finalmente, de una población de quizás diez millones de habitantes que tenía Israel, solo siete mil no se inclinaron jamás ante Baal (ver 1 Reyes 19:18).

Cuando el espíritu de Jezabel se levanta en una nación, busca destruir la unción profética en esa tierra, robarle al pueblo su herencia divina, apartarlos de sus raíces de piedad y hacerlos caer en la ceguera espiritual y la esclavitud bajo los poderes de las tinieblas.

ELÍAS Y JEZABEL

La impía influencia de Jezabel y Acab no dejaba de tener su oposición. No importa cuándo o dónde salga a escena el espíritu de Jezabel; Dios siempre tiene un héroe atento y listo para entrar a dar batalla. Dios siempre levanta un "Elías" para luchar "mano a mano" con Jezabel.

En 1 Reyes 17:1, Elías se presenta ante Acab y anuncia una sequía en toda la tierra que se prolongará hasta que él anuncie lo contrario. Ya se ve claramente la osadía del ungido mensajero de Dios. Alguien ha recogido el guante, y pronto comenzará la lucha. Repentinamente, surgen dos fuerzas poderosas que lucharán entre sí, y el ganador se quedará con el país. Elías ha aparecido con el poder y la autoridad de Dios y con una unción profética para pararse en la brecha en oposición a Jezabel y a todo lo que ella representa. Sí, Acab es el rey, pero es Jezabel la que tiene el poder. Acab es poco más que una marioneta, y Jezabel es la que ordena todos los movimientos. Así sucede siempre con este espíritu; Jezabel debe controlar.

Una de las primeras campañas de Jezabel fue hacer desaparecer a todos los profetas de Dios, porque ellos proclamaban la Palabra de Dios y llamaban al arrepentimiento. El espíritu de Jezabel odia la Palabra de Dios, porque ella tiene el poder para transformar personas y naciones. El ataque de Jezabel contra los profetas fue tan implacable que los pocos que quedaron debieron esconderse en cuevas para sobrevivir.

Entonces apareció Elías en el Monte Carmelo y desafió a los profetas de Baal a una competencia (ver 1 Reyes 18:17-40). Después que los profetas de Baal hubieron fallado miserablemente en atraer la atención de su dios, Elías clamó a Jehová Dios, que envió fuego de los cielos para consumir el sacrificio que Elías había preparado. Al final de esta demostración que expone a Baal como falso dios, los israelitas reafirmaron su fe en Jehová como Dios, y Elías mató a todos los profetas de Baal.

Jezabel mató a los profetas de Dios, pero Elías mató a los profetas de Jezabel, los que comían de su mesa y recibían su apoyo. Dos oponentes estaban en guerra ahora, y ambos deseaban destruir a los profetas del otro. Ambos estaban llenos de un celo feroz. Jezabel trabajó e ideó planes malignos para silenciar la auténtica voz profética del pueblo de Dios y destruir las raíces piadosas de la nación. Elías, según sus propias palabras, sentía *"un vivo celo por Jehová Dios de los ejércitos"* (1 Reyes 19:10a). Estaba poseído por un celo profético que no toleraba la presencia de Jezabel en su tierra, en su vida ni en las vidas de su pueblo.

Tal celo por Dios y solo por Él es la única clase de espíritu que puede hacer que este país vuelva a Él. El pueblo de Dios debe encenderse con el espíritu de Elías. Deben arder de santa pasión por las cosas de Dios: su nombre, su reputación, sus propósitos, su presencia, el bienestar de su pueblo y que su gloria llene la Tierra. Los corazones de los padres deben volver a los hijos, y los corazones de los hijos deben volver a los padres. Deben restaurarse una paternidad y una maternidad agradables a Dios para que la Iglesia pueda criar hijos e hijas espirituales.

Jezabel no reaccionó calmadamente ante el hecho de que Elías hubiera ejecutado a los profetas de Baal. Tan pronto como recibió la noticia de lo sucedido en el monte Carmelo, le hizo saber a Elías: *"Así me hagan los dioses, y aun me añadan, si mañana a estas horas yo no he puesto tu persona como la de uno de ellos"* (1 Reyes 19:2b).

Por alguna razón, el valor y la osadía de Elías decayeron por un tiempo. La intimidación y el temor de Jezabel repentinamente estrujaron su corazón. Elías no se quedó esperando que Jezabel tuviera oportunidad de cumplir su amenaza: huyó para preservar su vida. Después de cuarenta días de ayuno y oración, Elías se encontró en el monte de Horeb. El temor que sentía había distorsionado su visión de la realidad y lo llevó a pensar que estaba totalmente solo en la lucha. En el monte, el Señor le habló, no en el viento, el terremoto o el fuego, sino en el *"silbo apacible"* (ver 1 Reyes 19:11-12).

> *Y cuando lo oyó Elías, cubrió su rostro con su manto, y salió, y se puso a la puerta de la cueva. Y he aquí vino a él una voz, diciendo: ¿Qué haces aquí, Elías? Él respondió: He sentido un vivo celo por Jehová Dios de los ejércitos; porque los hijos de Israel han dejado tu pacto, han derribado tus altares, y han matado a espada a tus profetas; y sólo yo he quedado, y me buscan para quitarme la vida. Y le dijo Jehová: Ve, vuélvete por tu camino, por el desierto de Damasco; y llegarás, y ungirás a Hazael por rey de Siria. A Jehú hijo de Nimsi ungirás por rey sobre Israel; y a Eliseo hijo de Safat, de Abel-mehola, ungirás para que sea profeta en tu lugar. Y el que escapare de la espada de Hazael, Jehú lo matará; y el que escapare de la espada de Jehú, Eliseo lo matará. Y yo haré que queden en Israel siete mil, cuyas rodillas no se doblaron ante Baal, y cuyas bocas no lo besaron* (1 Reyes 19:13-18).

La suave y apacible voz de Dios hizo que su profeta volviera a la razón y cambió la dirección de su ministerio. Los cuarenta días de ayuno de Elías en el desierto refrescaron su espíritu, lo prepararon para encontrarse con Dios y quitaron el temor de Jezabel de su vida. A partir de ese momento, Elías nunca más volvió a huir de ella.

NABOT Y JEZABEL

La traición de Jezabel a un hombre inocente y justo llamado Nabot marcó el comienzo del fin para ella y Acab. Este incidente del vigésimo primer capítulo de 1 Reyes nos muestra un excelente ejemplo del espíritu de Jezabel en acción.

Nabot era dueño de una viña junto al palacio de Acab en Jezreel. Era parte de la herencia de su familia. Acab deseaba tener esa viña para hacer allí un huerto. Ofreció comprársela a Nabot o cambiarlo por una viña mejor en otro lugar, pero Nabot se negó a deshacerse de ella.

Acab regresó a su palacio "triste y enojado", porque Nabot se había negado a vender su viña (1 Reyes 21:4). Se fue a la cama y se negó a comer. ¡El rey de Israel estaba haciendo pucheros porque las cosas no le habían salido como él quería! Así estaba cuando Jezabel lo encontró. Después que Acab le contó lo que había sucedido, Jezabel lo consoló diciéndole: *"¿Eres tú ahora rey sobre Israel? Levántate, y come y alégrate; yo te daré la viña de Nabot de Jezreel"* (1 Reyes 21:7b).

Cuando no pudo conseguir lo que quería, Acab comenzó a quejarse y gimotear, deprimido y lleno de autoconmiseración. Ese es uno de los efectos del espíritu de Jezabel. La autoconmiseración lleva a una introspección y una preocupación que no son sanas, y esto, a su vez, produce enojo, codicia, amargura y otros pecados del cuerpo y de la mente. Esta clase de pensamientos pronto se convierten en un patrón que deja las puertas abiertas de par en par a más de lo mismo. Acab cayó, de esta manera, muy convenientemente, en las garras controladoras de Jezabel. "No te preocupes, mi amor —le dijo ella—. Déjamelo a mí. Yo te conseguiré la viña de Nabot". El espíritu de Jezabel controla por medio del encanto, la fascinación, la burla, el sarcasmo, la traición, o lo que sea necesario en ese momento.

Jezabel no perdió tiempo en poner en práctica sus malvados planes.

> *Entonces ella escribió cartas en nombre de Acab, y las selló con su anillo, y las envió a los ancianos y a los principales que moraban en la ciudad con Nabot. Y las cartas que escribió decían así: Proclamad ayuno, y poned a Nabot delante del pueblo; y poned a dos hombres perversos delante de él, que atestigüen contra él y digan: Tú has blasfemado a Dios y al rey. Y entonces sacadlo, y apedreadlo para que muera* (1 Reyes 21:8-10).

Jezabel usurpó la autoridad de su esposo escribiendo ella misma el decreto y firmándolo con el nombre del rey. Manipuló el control de los líderes como base de poder para ocultar sus designios malignos bajo un manto de aparente autoridad legítima. Jezabel ni siquiera tuvo reparos en invocar falsamente el nombre de Dios y cubrir su malvado plan con vestiduras de supuesta piedad. Las instrucciones de la reina fueron llevadas a cabo rápidamente, y pronto Nabot estuvo muerto.

Cuando Acab escuchó la noticia, se levantó y se apresuró a tomar posesión de la viña de Nabot. Allí lo enfrentó Elías, que tenía una palabra de Dios para el rey:

> Así ha dicho Jehová: ¿No mataste, y también has despojado? [...]. En el mismo lugar donde lamieron los perros la sangre de Nabot, los perros lamerán también tu sangre, tu misma sangre. [...]. He aquí yo traigo mal sobre ti, y barreré tu posteridad y destruiré hasta el último varón de la casa de Acab, tanto el siervo como el libre en Israel. Y pondré tu casa como la casa de Jeroboam hijo de Nabat, y como la casa de Baasa hijo de Ahías, por la rebelión con que me provocaste a ira, y con que has hecho pecar a Israel. De Jezabel también ha hablado Jehová, diciendo: Los perros comerán a Jezabel en el muro de Jezreel. El que de Acab fuere muerto en la ciudad, los perros lo comerán, y el que fuere muerto en el campo, lo comerán las aves del cielo (1 Reyes 21:19, 21-24).

Aunque Acab no había participado personalmente en el complot contra Nabot, aceptó el plan de Jezabel, y por lo tanto, compartía su culpa. Dios pronunció un juicio cierto y seguro sobre ellos, no solo porque sus pecados habían provocado su enojo, sino porque habían *"hecho pecar a Israel"*. Cualquiera que hace que otro peque y se aparte del único Dios verdadero, se acarrea su ira y juicio, que son inevitables a menos que la persona se arrepienta.

A favor de Acab podemos decir que su respuesta ante la profecía de juicio que Elías pronunció contra él, fue humillarse ante el Señor ayunando y vistiéndose de cilicio, símbolo de duelo y sumisión. Como consecuencia, el Señor retuvo su pleno juicio sobre la familia de Acab hasta después de la muerte del rey, para que él no lo viera con sus propios ojos (ver 1 Reyes 21:27-29). En esto, Dios demostró su gracia y su misericordia, que están al alcance de todo aquel que se acerque a Él con un corazón humillado. Sin embargo, Acab murió en batalla tres años después.

Aunque la ruptura de la influencia de Jezabel en Israel comenzó con Elías, no se completó hasta la generación siguiente. Rara vez un espíritu de Jezabel es destruido rápida o fácilmente; requiere tiempo y una vida sacrificada que incluya oración y ayuno. Por eso la transferencia generacional y la unión de las generaciones son tan importantes. Era así entonces, y será así ahora.

JEHÚ Y JEZABEL

Como Dios le había indicado, Elías ungió a Eliseo como su profeta sucesor. Aunque Jezabel había matado a la mayoría de los profetas de Dios, al final del ministerio de Elías había surgido una nueva generación de profetas –de forma muy similar a la actualidad– inspirados por su ejemplo y encendidos con el fuego de su espíritu. Dios también le había dicho a Elías que ungiera a Jehú como rey de Israel, pero fue Eliseo, en realidad, quien lo hizo. Hay un tiempo adecuado para todo, aun para cumplir las instrucciones de Dios.

Catorce años después de la muerte de Acab, llegó el momento justo. Joram, el segundo de los hijos de Acab que fue rey de Israel desde la muerte de aquel, estaba en guerra con los arameos. Eliseo envió a uno de sus protegidos, uno de los "hijos de los profetas" con la misión de ungir a Jehú como rey. Tan pronto como el joven hubo completado su tarea, debió huir (ver 2 Reyes 9:1-3).

Jehú era un capitán del ejército que tenía pasión por Dios y un fuego ardiente en su corazón por librar a su país del pecado y la idolatría. Cuando el mensajero de Eliseo encontró a Jehú, derramó aceite sobre su cabeza y dijo:

> Así dijo Jehová Dios de Israel: Yo te he ungido por rey sobre Israel, pueblo de Jehová. Herirás la casa de Acab tu señor, para que yo vengue la sangre de mis siervos los profetas, y la sangre de todos los siervos de Jehová, de la mano de Jezabel. Y perecerá toda la casa de Acab, y destruiré de Acab todo varón, así al siervo como al libre en Israel. [...]. Y a Jezabel la co-

merán los perros en el campo de Jezreel, y no habrá quien la sepulte (2 Reyes 9:6b-8, 10a).

Jehú no perdió tiempo; había llegado su hora señalada. Lo primero que hizo fue asesinar a Joram, rey de Israel. Joram salió en un carro a encontrarse con Jehú, que lo esperaba en la vieja viña de Nabot.

Cuando vio Joram a Jehú, dijo: ¿Hay paz, Jehú? Y él respondió: ¿Qué paz, con las fornicaciones de Jezabel tu madre, y sus muchas hechicerías? Entonces Joram volvió las riendas y huyó, y dijo a Ocozías: ¡Traición, Ocozías! Pero Jehú entesó su arco, e hirió a Joram entre las espaldas; y la saeta salió por su corazón, y él cayó en su carro (2 Reyes 9:22-24).

El hecho de que este encuentro se produjera en la viña de Nabot no fue casualidad. Fue deliberadamente decidido de esa forma por Jehú.

Dijo luego Jehú a Bidcar su capitán: Tómalo, y échalo a un extremo de la heredad de Nabot de Jezreel. Acuérdate que cuando tú y yo íbamos juntos con la gente de Acab su padre, Jehová pronunció esta sentencia sobre él, diciendo: Que yo he visto ayer la sangre de Nabot, y la sangre de sus hijos, dijo Jehová; y te daré la paga en esta heredad, dijo Jehová. Tómalo pues, ahora, y échalo en la heredad de Nabot, conforme a la palabra de Jehová (2 Reyes 9:25-26).

A continuación, Jehú mató a Ocozías, el malvado rey de Judá que estaba aliado con Joram, y luego fue hacia Jezreel para confrontar a Jezabel. Había llegado el día de la retribución.

Vino después Jehú a Jezreel; y cuando Jezabel lo oyó, se pintó los ojos con antimonio, y atavió su cabeza, y se asomó a una ventana. Cuando entraba Jehú por la puerta, ella dijo: ¿Sucedió bien a Zimri, que mató a su señor? Alzando él entonces su rostro hacia la ventana, dijo: ¿Quién está conmigo? ¿quién? Y se inclinaron hacia él dos o tres eunucos. Y él les dijo: Echadla abajo. Y ellos la echaron; y parte de su sangre salpicó en la pared, y en los caballos; y él la atropelló. Entró luego, y después que comió y bebió, dijo: Id ahora a ver a aquella maldita, y sepultadla, pues es hija de rey. Pero cuando fueron para sepultarla, no hallaron de ella más que la calavera, y los pies, y las palmas de las manos. Y volvieron, y se lo dijeron. Y él dijo: Esta es la palabra de Dios, la cual él habló por medio de su siervo Elías tisbita, diciendo: En la heredad de Jezreel comerán los perros las carnes de Jezabel, y el cuerpo de Jezabel será como estiércol sobre la faz de la tierra en la heredad de Jezreel, de manera que nadie pueda decir: Esta es Jezabel (2 Reyes 9:30-37).

Jezabel estuvo enquistada en el poder en Israel durante muchos años. Su maligna influencia saturó la Tierra, y parecía invencible. Pero en el momento señalado por Dios y por medio de la mano de su instrumento elegido, la destrucción de Jezabel fue total y absoluta.

¡Tolerancia cero!

Uno de los más grandes desafíos que enfrenta el Cuerpo de Cristo en la actualidad es cómo enfrentar la poderosa influencia del espíritu de Jezabel, que ha cubierto toda la Tierra. Parte de la dificultad estriba en el hecho de que ese mismo espíritu se ha filtrado en la Iglesia. La aquiescencia, la tolerancia y la falta de atención de muchos han permitido que el enemigo se escabulla dentro del campamento y cause luchas, divisiones y confusión. "Jezabel" ataca las relaciones, las finanzas, la salud y la reputación. Dado que su intención es matar o cortar la influencia de la verdadera voz profética, el espíritu de Jezabel está detrás de gran parte de la actual epidemia de pastores y otros líderes espirituales que son despedidos o caen en pecado sexual. Bajo la influencia de "Jezabel", una iglesia puede perder su visión y su vitalidad, se aparta de su misión de proclamar el evangelio de Jesucristo y comienza a concentrarse en temas secundarios.

Al mismo tiempo que acalla la voz de la Iglesia y obstaculiza su efectividad en el ministerio, el espíritu de Jezabel trabaja para lograr preeminencia en los segmentos de la sociedad que más influyen en la formación de pensamiento de los jóvenes: la industria del entretenimiento, los medios, el sistema educativo y la familia. Es la fuerza motivadora detrás de las escandalosas cifras de divorcios y abortos. "Jezabel" desea destruir a los niños para cortar toda una generación y así evitar que se transmitan valores, principios y una herencia de temor de Dios.

Las naciones están en grandes problemas, pero hay esperanza. Elías apareció en su época para confrontar, exponer y destruir a Jezabel. Su influencia hizo que surgieran Eliseo, un hijo espiritual que tenía "una doble porción" de su unción, y Jehú, un guerrero santo cuya pasión por Dios ardía como un fuego purificador. De la misma manera, Dios levanta "Elías", "Eliseos" y "Jehúes" en cada generación para darle batalla a Jezabel.

El espíritu de Elías está vivo en la Tierra y se levanta en los corazones de cada vez más creyentes. Es un espíritu que declara: "¡Tolerancia cero!" a la influencia de Jezabel. "Tolerancia cero" a los "profetas de Baal" –los gurúes de la Nueva Era, los sacerdotes del pluralismo y el neopaganismo, y los sabios del secularismo y el humanismo–. Tolerancia cero para los que producen la suciedad, la inmoralidad y la falta de Dios que inundan los hogares y las mentes de gran parte del mundo por medio de la música, la televisión y las películas. Dios desea salvarlos, pero también desea destruir al espíritu demoníaco que los controla y que infecta a millones de personas, especialmente jóvenes. El Espíritu Santo quiere limpiar a estos "formadores de mentalidades" y después dar la media vuelta e invadirlos con una nueva raza de influencias agradables a Dios.

Pero esta es una guerra a todo o nada: Elías contra Jezabel, y el ganador se lleva el alma de las naciones. A menos que los corazones de los padres sean restaurados a los hijos, y los corazones de los hijos sean restaurados a los padres, Jezabel continuará teniendo la victoria. Pero una revolución divina está a las puertas, una vuelta de tuerca que transformará los países y dará nueva forma a los destinos del pueblo. Hay un nuevo espíritu de oración y ayuno que sopla en la Iglesia y que puede marcar una diferencia fundamental. Elías era un hombre de oración y ayuno. Él oró, y cayó fuego del cielo que inició un avivamiento en Israel. Ayunó durante cuarenta días, y el espíritu y el poder de Jezabel sobre su vida fueron quebrados, y se inició una serie de hechos y circunstancias que llevaron a que Jezabel fuera completamente destruida. Puede suceder hoy, así como sucedió entonces.

¿Qué sucedería hoy?

¿Qué sucedería si decenas de miles o cientos de miles de padres y madres espirituales de todos los países se comprometieran a orar y ayunar para que el espíritu de Jezabel sea destruido en sus vidas y las vidas de sus hijos? ¿Qué sucedería si apagaran los televisores y los otros medios de entretenimiento y buscaran durante cuarenta días el rostro de Dios pidiendo un cambio espiritual y moral en su país? ¿Qué sucedería si intercedieran por sus hijos durante cuarenta días, para que una "doble porción" del espíritu de Elías fuera derramado sobre sus "Eliseos" y sus "Jehúes"? ¿Qué sucedería? Nada menos que una revolución.

La revolución de Elías une a tres generaciones en oración y ayuno, porque una generación sola no es suficiente para vencer al espíritu de Jezabel. Las decisiones a medias no sirven. No basta simplemente con tener el fuego del avivamiento. Ese fuego debe ser transmitido a la siguiente generación, porque solo los hijos e hijas recibirán la doble porción de unción.

Para que este país llegue a ser más semejante a Dios, deben reconstruirse los antiguos límites de la pureza moral y la integridad espiritual. La Iglesia de los últimos tiempos, la Iglesia de la generación de "Elías", debe estar al frente. Es hora de que el Cuerpo de Cristo vuelva a un compromiso absoluto con una vida justa en una época de decadencia moral. Es hora de pasión y sacrificio para llevar a un cambio radical.

Dios es celoso para destruir las obras de Jezabel en la Tierra y comenzará por purificar su propia casa. Está observando los corazones y las mentes de los creyentes, buscando cualquier actitud o mentalidad que tolere el espíritu de Jezabel, cualquier cosa que abra las puertas a la manipulación, el control o la rebelión. Dios les dice a sus hijos: "Quiero sacar por completo ese espíritu de tu vida. Ya no toleraré más a Jezabel".

La pregunta no es si Dios bendecirá a nuestro país, sino si nuestro país bendecirá a Dios. Él quiere romper la influencia de Jezabel en la Tierra. Pero está esperando esa clase de espíritu afín que se levante, los de la generación de Elías, que griten con valentía: *"Jehová [...], sea hoy manifiesto que tú eres Dios [...] que conozca este pueblo que tú, oh Jehová, eres el Dios, y que tú vuelves a ti el corazón de ellos"* (1 Reyes 18:36b-37).

Lo que está en juego, en última instancia, es la autoridad dada por Dios a la Iglesia sobre las naciones para anunciar el evangelio de Jesucristo con poder a todo el mundo. El espíritu de Jezabel lucha con uñas y dientes contra esto. Esos dientes diabólicos deben ser arrancados, y esas uñas como garras deben ser rotas.

¡Señor, haz que caiga el fuego! ¡Arranca el espíritu de Jezabel de esta Tierra y haz volver este país a ti! Que los hijos y las hijas de la doble porción de unción se levanten para pararse en la brecha, comprometidos a vivir vidas sin transigencias y sin tolerar el más mínimo mal o corrupción. Haz que sus corazones estén llenos solamente de una pasión ardiente por ti y nada más que por ti. ¡Que sea esta la hora; haz volver las naciones a ti! ¡Que se oiga el Llamado! ¡Que sea respondido el Llamado!

Capítulo 6

Confrontemos al espíritu controlador

El espíritu de Jezabel es, básicamente, un espíritu demoníaco controlador que trata de dominar por todos los medios que sean necesarios. Cuando se le permite prevalecer, impide el desarrollo de aquellas cosas que el Señor desea hacer surgir en las vidas de sus hijos y en las naciones de la Tierra. Es seductor y engañador en la superficie; promete mucho, pero no cumple nada. *"Porque los labios de la mujer extraña destilan miel, y su paladar es más blando que el aceite; mas su fin es amargo como el ajenjo, agudo como espada de dos filos. Sus pies descienden a la muerte; sus pasos conducen al Seol"* (Proverbios 5:3-5).

Como la adúltera de la que hablan estos versículos, el espíritu de Jezabel es un espíritu de prostitución espiritual enmascarada como una intimidad genuina. Su apariencia exterior de vida vibrante y fructífera esconde su esterilidad interior. Los que son atraídos hacia ella van camino de su propia destrucción. El espíritu de Jezabel se acerca furtivamente a sus víctimas, arrullándolas con dulces palabras de falso consuelo, hasta que, repentinamente, las golpea y las corta en pedazos con sus garras y sus uñas desnudas.

Para poder confrontar y vencer esta amenaza, la Iglesia, primero, debe aprender a reconocerla como lo que es. Los creyentes deben poder identificar su presencia y sus efectos en medio de ellos antes de poder señalarlo a otros. Deben quitar la viga de su ojo antes de tratar de quitar la paja del ojo ajeno. Esto se aplica especialmente cuando nos preparamos para enfrentar este espíritu manipulador y controlador que tan profundamente está enraizado en las sociedades de América, Europa y otros continentes.

Para identificar el espíritu de Jezabel es necesario discernimiento y discreción, ya que debe ser manejado con mucho cuidado. Hay demasiados cristianos cuyos espíritus han sido destrozados, y sus ministerios, porque un hermano o una hermana insensible los acusó falsamente y sin confirmación, de estar bajo un espíritu controlador o de ser una "Jezabel". Hagamos énfasis en esto para mayor claridad: ¡los espíritus demoníacos no tienen género! Segundo, algunas personas, tanto hombres como mujeres, tienen personalidades fuertes y firmes capacidades para el liderazgo. Pero esto no significa que estén obrando bajo la influencia de un "espíritu controlador". Y, en tercer lugar, su pastor no es su enemigo. ¡Su pastor es su amigo!

CÓMO RECONOCER UN ESPÍRITU DE JEZABEL

El espíritu de Jezabel persigue con determinación sus propios planes de división y destrucción, con la única intención de hacer las cosas a su manera. Aunque es sutil en su forma de actuar, este espíritu no es invisible. Cuando un espíritu de Jezabel está actuando, aparecen, comúnmente, ciertas características. Estos síntomas no significan, automáticamente, que este espíritu esté presente, pero deberían servir como señales de alerta para advertir a los creyentes. Una vez más lo repetimos: es necesario ejercer gran discernimiento, en oración y con mucho cuidado.

1. La meta final de un espíritu de Jezabel es, siempre, el *control*. Todo pensamiento, toda estratagema, todo esfuerzo está dirigido a usurpar a otro y tomar el control. Generalmente, el método preferido es un enfoque muy sutil y de bajo perfil, al menos al comienzo.
2. Dado que su meta es lograr el control, el espíritu de Jezabel apunta especialmente a las personas que tienen autoridad: cónyuge, pastor, ancianos, jefe o cualquier otra persona que está en el liderazgo. Hace esto para crear el vacío que desea llenar.

3. El espíritu de Jezabel provoca temor, huida y desaliento, y muchas veces impulsa a un líder espiritual a huir del lugar que le fue asignado, como hizo Elías. Cada año, cientos de líderes espirituales y gubernamentales renuncian a sus puestos a causa de un desaliento que los ha debilitado, o de confusión, depresión, pérdida de visión, desesperación, desorientación, separación, sensación de falta de valor, derrota, agotamiento, a causa de enfermedades físicas, problemas económicos, destrucción del carácter, fracasos morales y una infinita variedad de otros factores. En muchos casos, este maligno espíritu controlador es el responsable de esas situaciones.

4. Las personas que están bajo la influencia de un espíritu de Jezabel son, generalmente, líderes naturales que han caído bajo otra influencia que les indica cómo obrar encubiertamente. Muchos de ellos tienen realmente un llamado al liderazgo en su vida, pero dado que nunca han entregado sus ambiciones personales, ese llamado se distorsiona. Por lo tanto, se produce una mezcla. Tratan de impulsar sus propios propósitos ganando la confianza y la atención de personas influyentes a las que pueden usar para subir a la cima.

5. Las personas que son inseguras y están heridas, que tienen grandes necesidades egoístas, son particularmente susceptibles a este espíritu seductor y manipulador. Tratando de llenar una falta de amor en sus vidas, buscan constantemente afirmación y aprobación. Anhelan ser populares. Necesitan ser necesitadas, estar "adentro" y, por lo tanto, hacer que muchos dependan de ellas. En muchos casos, en cierto punto de sus vidas han sufrido rechazo o abandono, lo cual ha producido en ellas temor, inseguridad, una obsesión por autoprotegerse, resistencia a la autoridad y amargura.

6. Un espíritu de Jezabel obra engañosamente y con extrema sutileza. Sus semillas de manipulación y control están inteligentemente escondidas tras la adulación, el estímulo, los elogios y, algunas veces, aun tras sabios consejos. Pero una vez plantadas, crecen rápidamente hasta convertirse en hierbas destructivas. ¡La adulación no lleva a ninguna parte!

7. Nadie que esté bajo el control de esta influencia puede obrar en

forma efectiva y sin oposición si no tiene un "Acab". Este espíritu siempre trata de adosarse a un líder de carácter débil, a alguien que tiene poder, pero es manejable.

8. Finalmente, el espíritu de Jezabel siempre está en la misma línea con un espíritu "religioso" o "político". Obra bajo una fachada de decencia, ortodoxia y piadosa devoción. Hasta puede llegar a exigir la más completa obediencia externa.

9. Muchas veces, la familia natural donde obra este espíritu está fuera de control. Caos, confusión y división son la norma en ella. La rebelión es la semilla que Jezabel planta en la siguiente generación.

Cómo enfrentar el espíritu de Jezabel

*U*na vez que este espíritu controlador ha sido identificado, hay varios principios importantes para seguir si queremos enfrentarlo con éxito.

1. Sea estable. La estabilidad es una de las armas fundamentales de la guerra espiritual. El tema no es tanto ser "maduro" como estar firmemente plantado y arraigado en Cristo. Quienes esperan en Cristo son estables, porque Él es el ancla que se mantiene firme, inamovible e inconmovible en medio de cualquier tormenta. *"La cual tenemos como segura y firme ancla del alma, y que penetra hasta dentro del velo, donde Jesús entró por nosotros como precursor, hecho sumo sacerdote para siempre según el orden de Melquisedec"* (Hebreos 6:19-20). Manténgase unido a la Roca Firme. ¡No se aparte!

2. No escape. Cuando las cosas se ponen difíciles, es lógico que sintamos ganas de darnos por vencidos y decir: "Estoy cansado. Creo que esta vez me voy a sentar a mirar". ¡No lo haga! Ese es su punto más vulnerable. La mentalidad de "escape" abre la puerta para que el enemigo envíe palabras engañosas de falso consuelo. Siga comprometido en su fe. No huya de la autoridad divina y la responsabilidad; por el contrario, búsquelas. No es tiempo de evitar la comunión con otros creyentes. ¡No se escape; quédese!

3. No tenga misericordia con su deseo de controlar en su vida, aunque sea causado por el temor y las heridas. El deseo de controlar las circunstancias para evitar ser herido una vez más es una nueva forma de "escapar". Entregue ese deseo a Dios y permita que Él lo remplace con su paz y su seguridad. Busque sanidad y ande en la luz.

4. Permita que Jesús tome el lugar que le corresponde como Señor y Amo en lugar de permitir que otras personas llenen ese vacío. Las relaciones humanas familiares y con los amigos son importantes pero, en última instancia, Dios es el único que puede llenar los vacíos espirituales y emocionales en la vida de cada persona. No trate de recibir de otros aquello que solo Dios puede darle. Esta es una lección que lleva toda la vida aprender. Apréndala paso por paso.

5. No idealice a las personas ni sus dones. Los dones no son garantías contra las debilidades y los fracasos humanos. Los dones espirituales no son protección contra el "talón de Aquiles". Solo los ojos de Dios pueden ofrecer protección. Haga esto caminando con otros que puedan "cuidarle las espaldas".

En última instancia, el mayor secreto para enfrentar el espíritu controlador es aprender a rendirnos ante Dios y confiar en Él; aprender a "soltar lo demás y aferrarnos a Dios". Cualquier cosa que le entreguemos a Dios volverá multiplicada muchas veces. Este principio se ve ilustrado en las vidas de dos notables mujeres de la Biblia, Ana y María, y un hombre de extraordinaria fe, el patriarca Abraham. Así que, en nuestro viaje para descubrir la revolución de Elías, echemos una mirada a las vidas de estas tres personas.

SAMUEL: EL HIJO DE LA ORACIÓN

Samuel fue un sacerdote que también sirvió como último juez de Israel. Como tal, fue una figura fundamental en la transición de Israel de los jueces a los reyes. Desde una edad muy temprana, aun antes de conocer a Dios, el corazón de Samuel estaba inclinado hacia Él.

El joven Samuel ministraba a Jehová en presencia de Elí; y la palabra de Jehová escaseaba en aquellos días; no había visión con frecuencia. Y aconteció un día, que estando Elí acostado en su aposento, cuando sus ojos comenzaban a oscurecerse de modo que no podía ver, Samuel estaba durmiendo en el templo de Jehová, donde estaba el arca de Dios; y antes que la lámpara de Dios fuese apagada, Jehová llamó a Samuel; y él respondió: Heme aquí. Y corriendo luego a Elí, dijo: Heme aquí; ¿para qué me llamaste? Y Elí le dijo: Yo no he llamado; vuelve y acuéstate. Y él se volvió y se acostó. Y Jehová volvió a llamar otra vez a Samuel. Y levantándose Samuel, vino a Elí y dijo: Heme aquí; ¿para qué me has llamado? Y él dijo: Hijo mío, yo no he llamado; vuelve y acuéstate. Y Samuel no había conocido aún a Jehová, ni la palabra de Jehová le había sido revelada. Jehová, pues, llamó la tercera vez a Samuel. Y él se levantó y vino a Elí, y dijo: Heme aquí; ¿para qué me has llamado? Entonces entendió Elí que Jehová llamaba al joven. Y dijo Elí a Samuel: Ve y acuéstate; y si te llamare, dirás: Habla, Jehová, porque tu siervo oye. Así se fue Samuel, y se acostó en su lugar. Y vino Jehová y se paró, y llamó como las otras veces: ¡Samuel, Samuel! Entonces Samuel dijo: Habla, porque tu siervo oye (1 Samuel 3:1-10).

Samuel nació durante un tiempo de sequía en la vida espiritual de Israel. La palabra del Señor escaseaba y las visiones eran poco frecuentes. La "lámpara de Dios" –que simbolizaba la presencia de Dios– "aún no se había apagado". Su llama era muy pequeña, pero aún ardía.

Las cosas no siempre habían sido así. Elí, el anciano sacerdote, había conocido la voz del Señor, y en sus días, la lámpara de Dios ardía brillante. Pero ahora, el pecado había entrado en la siguiente generación. Los hijos de Elí también eran sacerdotes, pero no andaban en las pisadas de su padre. Eran corruptos, deshonestos y participaban de la prostitución ritual en los mismos portales de la casa de Dios. Por alguna razón, Elí no había logrado transferir el ejemplo de su liderazgo temeroso de Dios a sus hijos.

Aun en medio de la infidelidad del hombre, Dios demostró su propia fidelidad. A pesar de la rebelión y la inmoralidad, la lámpara seguía encendida. Entonces llegó Samuel. El joven de la nueva generación *"estaba [...] en el templo de Jehová, donde estaba el arca de Dios"*. El arca de Dios simbolizaba su presencia y contenía los Diez Mandamientos, la vara de Aarón que floreció y un recipiente con maná. Estos elementos representaban, respectivamente, la ley de Dios, la autoridad de Dios y la provisión de Dios. Aunque aún no conocía al Señor, Samuel tenía el deseo de estar donde Él estaba. ¿No descansaría usted también, estando cerca del arca?

¿De dónde provenía ese deseo de Samuel? Sin duda, Dios lo puso allí, porque tenía planes para él. Sin embargo, más aún, la inclinación de Samuel a actuar como "guardián" de las cosas de Dios era un legado de su madre, Ana. Él también era producto de la unión de las generaciones.

Ana era una de las dos esposas de un hombre llamado Elcana. Aunque era la más amada de las dos, Ana no tenía hijos, mientras la otra esposa de Elcana le había dado muchos. La incapacidad de Ana para tener hijos le causaba un profundo dolor. Una vez, mientras estaba en Silo, cerca de la casa del Señor, ella clamó a Dios por su profundo dolor y su tristeza.

> *E hizo voto, diciendo: Jehová de los ejércitos, si te dignares mirar a la aflicción de tu sierva, y te acordares de mí, y no te olvidares de tu sierva, sino que dieres a tu sierva un hijo varón, yo lo dedicaré a Jehová todos los días de su vida, y no pasará navaja sobre su cabeza* (1 Samuel 1:11).

Ana le prometió a Dios que, si le daba un hijo, se lo dedicaría a Él nuevamente, como nazareo, para toda su vida. El Señor honró a Ana y respondió su oración.

> *Y Elcana se llegó a Ana su mujer, y Jehová se acordó de ella. Aconteció que al cumplirse el tiempo, después de haber concebido Ana, dio a luz un hijo, y le puso por nombre Samuel, diciendo: Por cuanto lo pedí a Jehová* (1 Samuel 1:19b-20).

Eso es lo que significa el nombre "Samuel": 'pedido al Señor'. Una paráfrasis moderna sería 'hijo de la oración'. Samuel era el 'hijo de la oración' de Ana. Ella se lo había pedido al Señor, y Dios se lo había dado.

Aquí fue donde Ana enfrentó su más grande desafío. Hacerle una promesa a Dios es una cosa; cumplirla era otra. El nacimiento de Samuel fue una prueba totalmente diferente para Ana. Tuvo que enfrentar el asunto del control. Después que nació Samuel, habría sido muy natural para Ana aferrarse a él, abrazarse con todas sus fuerzas a su precioso hijo y no soltarlo más. Pero hacer esto sería romper su promesa a Dios. Peor aún, sería impedir que Samuel cumpliera su destino en el Señor.

Ana aprobó el examen. Honró su promesa a Dios, así como Él había honrado la oración de ella pidiendo un hijo. Ana soltó a Samuel y lo dejó en libertad para que sirviera al Señor. Después de destetarlo, lo llevó a Elí y le dijo: *"Por este niño oraba, y Jehová me dio lo que le pedí. Yo, pues, lo dedico también a Jehová; todos los días que viva, será de Jehová"* (1 Samuel 1:27-28a). A partir de ese día, Elí llevó a Samuel y comenzó a enseñarle y capacitarlo en el servicio sacerdotal.

Ana podría haberse aferrado a Samuel, pero sabía que todo lo que entregara a Dios regresaría a ella grandemente multiplicado. Bajo el cuidado de Ana, Samuel podría haber crecido hasta ser un buen hombre y un fiel seguidor de Dios. Pero dado que su madre lo entregó al Señor, Samuel se convirtió en mucho más que eso. Se convirtió no solo en juez, sacerdote y profeta, sino en quien *ungió* a reyes y profetas. Debido a la fidelidad de Ana, Samuel se convirtió en una bisagra en la historia para su pueblo, en su época. Ana aprobó el examen. ¿Lo aprobará usted?

LOS NEGOCIOS DE SU PADRE

Probablemente nadie que haya pisado esta Tierra ha tenido que luchar más contra el espíritu controlador que María, la madre de Jesús. La joven María, a quien se le había confiado la extraordinaria responsabilidad y el increíble privilegio de cuidar al Hijo de Dios y criarlo, enfrentaba cada día diversos desafíos. Uno de los más terribles, muy posiblemente, fue el sentido de posesión. Después de todo, había dado a luz a Jesús, el Mesías largamente esperado. Ella le cambiaba los pañales, le limpiaba la nariz, limpiaba sus heridas y sus rasguños, le enseñaba hebreo y arameo. Como cualquier buena madre, María invirtió mucho tiempo, energía y atención en Jesús. El era su hijo; su varoncito.

Al mismo tiempo, María sabía que Jesús era único. Como Hijo de Dios concebido en ella por el Espíritu Santo, Jesús era muy diferente de los demás hijos de María, productos naturales de su unión con José, que vinieron después. Fue, probablemente, un gran desafío para María y José lograr un equilibrio adecuado entre recordar la naturaleza única de Jesús y no dejarse llevar por favoritismos. ¡Una verdadera prueba!

Una de las primeras pruebas de control que María y José enfrentaron se produjo cuando Jesús tenía doce años, durante su peregrinaje anual a Jerusalén. Cuando María y José salieron para regresar a casa, Jesús, sin que ellos lo supieran, se quedó atrás. Después de regresar a Jerusalén y de buscarlo, frenéticos, durante tres días, los padres encontraron a Jesús sentado tranquilamente en el complejo del templo, escuchando a los maestros y haciéndoles preguntas. La pregunta sincera de María provocó una respuesta de su hijo que desafiaba todos sus instintos maternales controladores.

> Cuando le vieron, se sorprendieron; y le dijo su madre: Hijo, ¿por qué nos has hecho así? He aquí, tu padre y yo te hemos buscado con angustia. Entonces él les dijo: ¿Por qué me buscabais? ¿No sabíais que en los negocios de mi Padre me es necesario estar? (Lucas 2:48-49).

La versión de la Santa Biblia Reina-Valera traduce las palabras de Jesús como: *"¿Por qué me buscabais? ¿No sabíais que en los negocios de mi Padre me es necesario estar?"* ¡Imagine cómo las palabras de Jesús habrán atravesado los corazones de María y José! Ya a la edad de doce años, la edad del *bar mitzvá*, el rito de llegada a la edad adulta para los varones hebreos, en la que eran considerados como hombres ya espiritualmente responsables de sus decisiones, Jesús sabía quién era y lo que debía hacer. Él comprendía que su destino estaba más allá de las comodidades del hogar, de los confines de Nazaret y de la carpintería de José.

Los padres terrenales de Jesús tuvieron que reconocer que su hijo tenía un Padre celestial que tenía un mayor derecho sobre Él, que era celoso de que Él cumpliera su divino propósito y su destino. María y José enfrentaban el desafío de confiar en Dios y soltar a Jesús.

A medida que pasaban los días, María, que era una mujer relativamente joven, debió enfrentar otras pruebas similares. Una vez, cuando le avisaron que su madre y sus hermanos deseaban verlo, Jesús dijo: *"¿Quién es mi madre, y quiénes son mis hermanos? Y extendiendo su mano hacia sus discípulos, dijo: He aquí mi madre y mis hermanos. Porque todo aquel que hace la voluntad de mi Padre que está en los cielos, ése es mi hermano, y hermana, y madre"* (Mateo 12:48b-50). Jesús no estaba pasando por alto ni negando sus lazos familiares humanos. Estaba declarando que se habían producido ciertos cambios fundamentales en sus prioridades en cuanto a las relaciones. Debido a la misión redentora que lo llevaría a la cruz, la relación externa de Jesús con su familia sería diferente para siempre.

Jesús nunca olvidó sus responsabilidades como hijo mayor. En algún momento, aparentemente, José murió, ya que no vuelve a aparecer después del relato del viaje a Jerusalén, cuando Jesús tenía doce años. Como hijo mayor, Jesús se habría convertido en la cabeza de la familia al morir José, y el bienestar de su madre estaría a su cargo. Jesús cumplió su responsabilidad aun desde la cruz, cuando entregó a María al cuidado del "discípulo que Jesús amaba" (probablemente Juan; ver Juan 19:26-27).

La crucifixión de Jesús fue la mayor prueba que María debió superar con relación al deseo de control, aunque no podía hacer nada para detenerla. Tuvo que enfrentar la realidad de entregar –para siempre, hasta donde ella podía comprenderlo– aquello que Dios le había dado en el acto único más importante de la historia. Dios le había dado a Jesús, y ella tuvo que entregárselo nuevamente. María aprobó ese examen final, porque comprendió que Dios había entregado a Jesús, no solamente a ella, sino a todo el mundo. Solo renunciando voluntariamente a Él podría verlo cumplir su destino como el Cordero de Dios que quita el pecado del mundo y como Rey de reyes que reina por siempre como Señor resucitado. Lo mismo les sucede a todos los padres: la prueba máxima es entregar nuestros preciosos herederos a las manos de otro u otra. Esta es una de las más grandes pruebas en toda la vida: ceder el derecho de paso.

ISAAC: EL HIJO DE LA PROMESA

$\mathcal{E}$n muchos aspectos, toda la vida de Abraham es una figura de lo que significa confrontar el espíritu controlador y aprender a rendirlo constantemente al Señor. Abraham aprendió a confiar en Dios y creer sus promesas aun cuando las circunstancias externas le mostraban otra cosa. Primero, Dios le indicó que dejara su hogar y su país y fuera a un país que Él iba a mostrarle. (¿Sabía usted que las transiciones nunca son fáciles?) Segundo, Dios le prometió a Abraham que tendría un hijo propio, aun cuando él y su esposa Sara eran demasiado ancianos como para tener hijos.

> Por la fe Abraham, siendo llamado, obedeció para salir al lugar que había de recibir como herencia; y salió sin saber a dónde iba. Por la fe habitó como extranjero en la tierra prometida como en tierra ajena, morando en tiendas con Isaac y Jacob, coherederos de la misma promesa; porque esperaba la ciudad que tiene fundamentos, cuyo arquitecto y constructor es Dios. Por la fe también la misma Sara, siendo estéril, recibió fuerza para concebir; y dio a luz aun fuera del tiempo de la edad, porque creyó que era fiel quien lo había prometido. Por lo cual también, de uno, y ése ya casi muerto, salieron como las estrellas del cielo en multitud, y como la arena innumerable que está a la orilla del mar (Hebreos 11:8-12).

Pasaron veinticinco años entre la promesa de Dios a Abraham, de que tendría un hijo, y su cumplimiento. Durante ese tiempo, Abraham enfrentó pruebas tanto de fe como de control. En un determinado momento, trató de ayudar a Dios teniendo un hijo con Agar, sierva de Sara. Aunque Dios bendijo a ese vástago, Ismael, y lo hizo fructífero, Ismael no era el hijo de la promesa. Finalmente, cuando Abraham tenía cien años de edad y Sara noventa y nueve, nació Isaac.

Aunque Abraham había aprendido mucho durante un siglo de vida y era un gran hombre de fe, aun lo esperaba la prueba más dura. Unos años más tarde, Dios le ordenó que tomara a Isaac, su precioso hijo de la promesa, y se lo entregara como ofrenda quemada. La Biblia no dice qué pensamientos cruzaron la mente de Abraham o qué luchas tuvo contra su deseo de control. Simplemente registra su obediencia. Pero ¿imagina usted la intensidad de la conmoción interna y la angustia mental que probablemente debió sufrir Abraham?

> *Por la fe Abraham, cuando fue probado, ofreció a Isaac; y el que había recibido las promesas ofrecía su unigénito, habiéndosele dicho: En Isaac te será llamada descendencia; pensando que Dios es poderoso para levantar aun de entre los muertos, de donde, en sentido figurado, también le volvió a recibir* (Hebreos 11:17-19).

Naturalmente, Dios detuvo a Abraham antes de que este matara a su hijo y le proveyó un carnero para el sacrificio en su lugar. La obediencia de Abraham probó que él confiaba en Dios en todas las cosas, y que lo valoraba más que a cualquier cosa o a cualquier persona. Abraham aprobó el examen más difícil y, como resultado, llegó a ser padre de una nación de personas a través de las cuales todo el mundo fue bendecido. Fue a través de los descendientes de Abraham, la nación de Israel, que llegó al mundo el Mesías, Jesucristo, el Salvador. ¡Eso, sin duda, es invertir en las generaciones!

PERDER EL CONTROL

En última instancia, enfrentar el espíritu controlador tiene que ver con reconocer el celo que Dios siente por la vida de cada uno de sus hijos. Su deseo es que su pueblo esté completamente libre de ese espíritu, pero eso rara vez sucede de un día para otro. La libertad del espíritu controlador ocurre en forma progresiva a través de las etapas consecutivas de la vida. Cada nivel tiene sus propias pruebas. A través de todo el proceso, el Señor nos guía con paciencia y amor, ayudando a aquellos cuyos corazones están vueltos hacia Él a aprender a soltar aquellas cosas y aquellas actitudes que están tratando de controlar, pero que, en realidad, los controlan a ellos.

Parte de lo que el Señor quiere hacer en el corazón es limpiar y quitar de su pueblo la obsesión por controlar y manejar aquello que dan a luz. Esa es la naturaleza humana, pero la naturaleza humana es contraria a Dios. Si no aprueba ese examen, esto puede convertirse en un punto de acceso donde el "ansia de posesión" lleve a caminos aún más oscuros, en los que suele habitar Jezabel.

Muchas personas tienen un terror mortal a perder control de sus vidas. Se sienten seguras solo cuando pueden manejar cada centavo, cada detalle y cada circunstancia. Las salas de los hospitales psiquiátricos están llenas de personas que lo intentaron y fallaron. Es solo cuando perdemos el control, entregándolo voluntariamente a Dios, que podemos experimentar la vida en su más plena abundancia. Perder el control en manos de Dios es liberador, porque nos deja en libertad para concentrarnos en vivir y seguir la voluntad de Dios al permitir que Él se ocupe de los detalles.

Solo cuando entregamos nuestra mayordomía a Él, las promesas pueden volver grandemente multiplicadas. ¿Cuántas veces durante la historia de la Iglesia ha habido personas o congregaciones que no han alcanzado la plenitud de lo que Dios deseaba hacer en ellas y a través de ellas, porque no querían confiarle sus sueños, sus esperanzas y sus recursos?

La Biblia llama a esto "andar por fe". Abraham vivió toda la vida de esta forma. Dos actitudes características de la persona que anda por fe son la flexibilidad y la sensación de estar siempre en movimiento; siempre en un viaje cuyo destino final aún es desconocido. Abraham iba donde Dios lo guiaba porque no buscaba simplemente un lugar o una tierra, sino una *"ciudad [...], cuyo arquitecto y constructor es Dios"* (Hebreos 11:10b). Abraham no buscaba un *lugar*; ¡buscaba al constructor de ese lugar! La vida era el viaje; Dios, el destino.

AVANZAR HACIA LO DESCONOCIDO

La flexibilidad requiere humildad, porque implica aceptar el hecho de que una vida de fe significa que no siempre se comprenderá todo o se verá el cuadro completo desde el principio. Algunas veces, las instrucciones de Dios no tienen sentido desde un punto de vista estrictamente humano. En realidad, pueden llegar a parecernos, directamente, tonterías. El propósito de Dios al dar tales instrucciones a sus hijos es ponerlos en movimiento, que lleguen a soltar los controles de sus vidas y comiencen a avanzar hacia el destino que El ha preparado para ellos.

Estar en movimiento significa tener menos control. Significa salir de la "zona de comodidad pagana" y entrar al filo de la vida, y eso es andar por fe. Puede significar dejar un ingreso tentador y un futuro "seguro" para trabajar con los niños de un barrio pobre o la gente de un país del tercer mundo. Puede significar seguir a Dios hasta un nuevo lugar, y que, al final, el resultado sea completamente diferente de lo que se esperaba. Puede significar, simplemente, aprender a vivir cada día sin controlar tanto las cosas y las circunstancias y echar *"...toda vuestra ansiedad sobre él, porque él tiene cuidado de vosotros"* (1 Pedro 5:7).

Podría significar sacrificarse, orar y ayunar como nunca antes. Podría significar escuchar la palabra para lanzar *El llamado* en el *Mall* de Washington y no tener un centavo para hacerlo. Sea cual fuere el caso, perder el control será lo que nos haga avanzar en un espíritu de fe.

Andar por fe, o soltar el espíritu controlador, significa estar dispuestos a que Dios cambie el mapa de ruta de nuestra vida de vez en cuando y dibuje un camino alternativo. Sea donde fuera que Él nos lleve, una cosa es cierta: Él está preparándose para dar a luz algo maravilloso y más allá de lo imaginable, algo que simplemente no puede suceder y no va a suceder mientras Él no tenga el control.

Es fácil soñar; pero poner en movimiento ese sueño es algo totalmente distinto. De la misma manera, es fácil profesar fe en Dios, pero avanzar basándonos en esa fe es algo totalmente distinto. Samuel aprendió desde edad muy temprana a decir: *"Habla, Señor, que tu siervo oye"*. Un corazón sumiso, que está dispuesto a escuchar, es una clave fundamental para escuchar la voz de Dios. Dado que ambos somos padres de familia, sabemos que una de las primeras cosas que tratamos de inculcarles a nuestros hijos es que deben escuchar y obedecer.

La capacidad de escuchar –oír con atención– está relacionada con la condición interior del corazón. Solo un corazón inclinado hacia Dios querrá oírlo. Un corazón inclinado hacia Dios y que lo oye, querrá escucharlo. Esa es la base de la obediencia. Las únicas personas que realmente oyen a Dios son las que están dispuestas a obedecerlo. Quienes son obedientes desean escuchar, y quienes escuchan, oyen, y quienes oyen, hacen.

No tema soltar los controles. Dios es perfectamente capaz de manejar las cosas. En realidad, Él es el único que puede hacerlo bien. ¡No se aferre tanto! ¡Suéltelo, y déjelo en manos de Dios! ¡Vamos, pierda el control![23] Combata la influencia de Jezabel para dominar y controlar todo y ande en el espíritu opuesto, el del reino de Dios, entregue su derecho a Él.

TIEMPO
DE
SACRIFICARSE

CAPÍTULO 7

El mandato de Ester

Una de las jóvenes que tomaron la iniciativa durante *El llamado* en Washington DC fue una joven de catorce años que había estado orando durante un año para que Dios revirtiera el fallo judicial a partir del cual se legalizó el aborto en los Estados Unidos, y para que se pudiera volver a orar en las escuelas. En un determinado momento, esa joven subió a la plataforma, micrófono en mano, y dijo: "Señor, libera la unción de Ester. Cambia ese fallo judicial. ¡Rompe los decretos demoníacos sobre esta Tierra!"

Dios honra ese tipo de oración. Esta jovencita era de la ciudad de Kansas. Cuando el equipo que fue recorriendo el país para promocionar *El llamado* hizo una reunión en una iglesia de su ciudad, ella asistió. Antes de salir para la reunión, sintió una extraña motivación a pintarse estrellas en los pies. El nombre Ester significa 'estrella'.

Se pintó estrellas en los pies y en los dedos, con diamantes en el medio, simplemente porque sentía que eso era lo que Dios quería que hiciera. Era una noche cálida, así que usó sandalias para ir a la reunión. Sin que ella lo supiera, en la reunión había otra mujer que había recorrido muchos kilómetros para llegar allí, a causa de una palabra que había recibido de Dios. El Señor le había dicho: "Esta noche, en la reunión, verás a una joven que tiene la unción de Ester sobre su vida. Debes profetizar sobre ella y bendecirla. La conocerás por lo que tiene pintado en sus pies". ¡Imagine la sorpresa de la jovencita cuando esta mujer, totalmente desconocida, se acercó y comenzó a profetizarle!

Pero en esa reunión hubo algo más que un llamado. Ese día, cuando esa jovencita oró sobre la plataforma, después de prepararse, como Ester, con "tratamientos de belleza", durante un año, estaba representando a toda la nación. Ella rogó al Señor que desatara la unción de Ester –un tiempo de ayuno y oración– para que Dios hiciera volver a la nación y liberara al pueblo de su juicio.

En el libro del Antiguo Testamento que lleva su nombre, Ester convocó a un ayuno de tres días para que se rompiera un decreto demoníaco que amenazaba la supervivencia de su pueblo. Ester era una joven judía huérfana que fue criada por su primo Mardoqueo, que era mayor que ella. Finalmente, Ester se convirtió, por designio de Dios, en esposa del rey del imperio persa, y reina. Esto la colocó en la posición perfecta para asegurar la liberación del resto de los judíos que estaban en esa tierra. En el momento justo, se produjo una reversión completa de la situación. Amán, primer ministro del rey y arquitecto del plan para destruir a los judíos, fue destruido; y Mardoqueo fue elevado a ocupar su lugar. Ester llegó al reino para esa hora, y una nación fue preservada porque ella fue fiel a su llamado.

Dios puede hacer lo mismo en nuestro país en la actualidad. Una adolescente que ayunó cambió la historia en ese tiempo, y puede cambiarlo ahora, porque Dios es el mismo ayer, hoy y por todos los siglos.

PREPARADOS CON ANTICIPACIÓN

Aunque nunca lo menciona por nombre, el tema del libro de Ester es la soberanía de Dios. Los hechos que se relatan en él ocurren en la última etapa de la historia de los judíos en el período cubierto por el Antiguo Testamento. Es después de la cautividad en Babilonia. Muchos judíos, motivados por un espíritu profético y el anhelo de su hogar, ya habían regresado a Palestina con Esdras y Nehemías. El templo de Jerusalén ya había sido reconstruido, y los muros de la ciudad, reparados. Ester es una historia acerca de los judíos que no regresaron, sino que permanecieron en Persia. Muchos de ellos eran judíos secularizados, que se contentaban con vivir en una tierra gentil y asimilar gran parte de su cultura.

Los judíos que regresaron de Babilonia para reconstruir el templo y reocupar la tierra prometida necesitaban la seguridad de saber que Dios estaba con ellos. Él les dio esa seguridad a través del profeta Hageo: *"Entonces Hageo, enviado de Jehová, habló por mandato de Jehová al pueblo, diciendo: Yo estoy con vosotros, dice Jehová"* (Hageo 1:13).

Aunque se quedaron atrás, los judíos que vivían en el exilio, sin duda, se hacían la misma pregunta: "¿Seguimos siendo el pueblo de Dios?" El libro de Ester responde con un rotundo "¡Sí!" a esa pregunta. Aun los judíos que no se movían siguiendo los propósitos proféticos de Dios estaban bajo su pacto de amor.

Nada toma a Dios por sorpresa. Años antes de que surgiera la amenaza a Ester y su pueblo, Dios ya estaba preparando su liberación.

Todo comenzó cuando el rey Asuero preparó un gran banquete para todos los nobles, líderes militares y asistentes de su reino. Había comida en abundancia, el vino fluía libremente, y el rey mostró su riqueza y su opulencia. La celebración duró seis meses. Después, el rey dio otro banquete, en el jardín del palacio, para todos los que trabajaban en el palacio, de los más grandes a los más pequeños. Esta fiesta duró siete días.

En el séptimo día, mientras estaba medio ebrio por el vino, el rey ordenó a sus asistentes personales que hicieran venir a la reina Vasti, con su corona real, para que él pudiera enorgullecerse de su belleza delante del pueblo. Cuando Vasti se negó a ir, el rey se enfadó mucho y la repudió. Todo esto sucedió durante el tercer año del reinado de Asuero.

Asuero necesitaba una nueva reina. Siguiendo el consejo de sus colaboradores, lanzó una búsqueda nacional de las jóvenes vírgenes más hermosas de su tierra, que serían llevadas al harén del rey. Después de un período de preparación, estas jóvenes serían llevadas delante del rey una por una, y la que más le agradara se convertiría en reina. Las otras se convertirían en concubinas del rey y, aunque vivirían el resto de sus vidas rodeadas de lujos, también estarían solas, separadas de sus familias y, posiblemente, sin volver a ser convocadas para aparecer delante del rey.

Una de las jóvenes vírgenes que fue llevada al palacio fue Ester, que era de *"de hermosa figura y de buen parecer"* (Ester 2:7). Su nombre hebreo era Hadasa, que significa "arrayán". Después que Ester fue llevada al harén, su primo Mardoqueo –que la había criado como a su propia hija al morir sus padres– todos los días iba a enterarse si ella estaba bien. Por indicación de Mardoqueo, Ester no le dijo a nadie en el palacio que era judía.

Al comienzo, Ester quizá sintió que su futuro era algo oscuro. Seguramente se haya preguntado: "Señor, ¿por qué estoy en esta situación? ¿Tendré que pasar el resto de mi vida en la soledad de las habitaciones de las concubinas?" Algunas veces, los días que parecen oscuros demuestran, finalmente, que son puertas del destino. Todo depende de la actitud. Ester quizá no lo comprendía en ese momento, pero Dios la estaba preparando para un destino divino, colocándola en una posición estratégica en el reino de Persia para enfrentar una crisis específica.

La respuesta a los días oscuros no es quejarse ni refunfuñar, sino concentrarse en Dios en lugar de en las circunstancias, buscar la puerta de destino más que la ruta de escape.

Sea lo que fuera que haya pensado o sentido al principio, sin dudas, Ester pronto impresionó a Hegai, el eunuco que estaba a cargo de las mujeres, que le dio un tratamiento especial. Después de un año de tratamientos de belleza, que era la preparación normal para las mujeres del harén, Ester estuvo lista para conocer al rey.

ASUERO SE ENAMORÓ DE ELLA

Y el rey amó a Ester más que a todas las otras mujeres, y halló ella gracia y benevolencia delante de él más que todas las demás vírgenes; y puso la corona real en su cabeza, y la hizo reina en lugar de Vasti. Hizo luego el rey un gran banquete a todos sus príncipes y siervos, el banquete de Ester; y disminuyó tributos a las provincias, e hizo y dio mercedes conforme a la generosidad real (Ester 2:17-18).

Lo que cautivó a Asuero de Ester no fue solamente su belleza física, sino la belleza de un espíritu quieto, un espíritu que descansaba en Dios. Ester confiaba en que Dios haría con ella lo que Él deseara. Había puesto su vida en manos de un Dios amoroso que, por medio de su providencia, la hizo estar donde Él quería que estuviera. Ester tenía un gran llamado sobre su vida, y mucho carisma. Más aún, tenía un carácter recto, y el carácter es lo que importa.

Habían pasado cuatro años desde que Vasti había sido repudiada como reina; cinco años más pasarían hasta que Amán tramara su plan para destruir a los judíos. Nueve años antes, Dios ya estaba preparando el escenario para colocar a Ester en posición de cumplir con su destino de salvar a su pueblo de la destrucción.

Dios es soberano. Siempre trabaja moviendo los sucesos humanos para que sirvan a sus propósitos divinos y le den gloria. Lo sorprendente es que, deliberadamente, elige y utiliza a personas en sus planes.

CRISIS DE IDENTIDAD

Al principio, quizá Ester no haya sabido realmente quién era. ¿Era Hadasa, judía e hija de Dios, o Ester, hija de la cultura persa? Aunque Ester significa 'estrella', también puede ser una variación del nombre *Ishtar*, que corresponde a una diosa pagana. ¿Quién era ella?

Muchos jóvenes, en la actualidad, enfrentan una crisis de identidad similar. No saben quiénes son. Una de las razones es que la definición de verdad se ha vuelto muy vaga en la sociedad moderna. Josh McDowell, uno de los consultores y expertos cristianos sobre la cultura juvenil dice que hoy los jóvenes no viven en una cultura cristiana o poscristiana, sino anticristiana. Ya no se define la verdad en términos de valores absolutos o "bien y mal" claramente definidos. En cambio, la verdad es relativa. La verdad es cualquier cosa que uno crea que es. Lo trágico es que este concepto relativo de la verdad prevalece aun entre los jóvenes cristianos. En un tiempo, "tolerancia" significaba la disposición de aceptar a alguien que tenía creencias diferentes; pero ya no es así. Hoy, tolerancia significa: "No solo no hay problema en que creas lo que crees, sino que tienes derecho a creer lo que crees. La verdad no es absoluta; verdad es lo que sea verdadero para ti". Hay una gran diferencia.

Como Ester, muchos de los jóvenes de hoy son huérfanos, espiritualmente hablando. Esta es una generación sin padres. No saben quiénes son. La necesidad fundamental de la juventud actual es descubrir su identidad. *"Por esta causa doblo mis rodillas ante el Padre de nuestro Señor Jesucristo, de quien toma nombre toda familia en los cielos y en la tierra"* (Efesios 3:14-15). La identidad proviene de Dios el Padre. Él se ocupa de la generación sin padres, y aquellos que se entregan a Él y sienten igual que Él harán lo mismo.

UN PLAN DEMONÍACO

*U*n tiempo después que Ester se convirtiera en reina, y con su ayuda, Mardoqueo abortó un plan para asesinar al rey. Aunque el incidente quedó asentado en las crónicas oficiales del reino, por alguna razón, Mardoqueo nunca recibió ningún reconocimiento público por su ayuda para salvar la vida del rey. Después de un tiempo, el hecho fue olvidado.

Ahora era el momento de que Amán, el villano y archienemigo de la historia, entrara en escena. Cuando Amán entró en escena, hacía cinco años que Ester era reina. Y aún seguía los consejos de Mardoqueo.

> *Después de estas cosas el rey Asuero engrandeció a Amán hijo de Hamedata agagueo, y lo honró, y puso su silla sobre todos los príncipes que estaban con él. Y todos los siervos del rey que estaban a la puerta del rey se arrodillaban y se inclinaban ante Amán, porque así lo había mandado el rey; pero Mardoqueo ni se arrodillaba ni se humillaba* (Ester 3:1-2).

Amán era amalecita, descendiente del rey Agag. Los amalecitas eran un pueblo que se había opuesto violentamente a Israel en la época de Moisés, y Dios les había declarado la guerra para todas las generaciones. Dios ordenó a Saúl, el primer rey de Israel, que los aniquilara por completo. El hecho de que Saúl no lo hiciera fue una de las razones por las que Dios lo remplazó como rey y eligió a David para que ocupara su lugar. Como resultado de la desobediencia de Saúl, los amalecitas continuaron molestando y acosando a los judíos durante siglos.

A pesar de la elevada posición de Amán, Mardoqueo se negó a inclinarse ante él y rendirle honores. Quizá fue porque Mardoqueo, como judío, solo se inclinaba para honrar a Dios, o quizá porque reconocía que Amán y su pueblo eran, tradicionalmente, implacables enemigos de los judíos. Sea cual fuera la razón, la negativa de Mardoqueo llenó de ira a Amán. Su odio se volvió tan intenso que no solo se limitó a desear destruir a Mardoqueo, sino que se propuso destruir a todos los judíos del reino.

Primero, Amán engañó a Asuero, haciéndole creer que los judíos eran una amenaza para la seguridad del reino. Después, obtuvo permiso del rey para solucionar el problema de cualquier manera que lo deseara. El siguiente paso de Amán fue emitir un decreto en el nombre del rey y sellarlo con el sello del rey. El decreto ordenaba la aniquilación de los judíos. *"Y fueron enviadas cartas por medio de correos a todas las provincias del rey, con la orden de destruir, matar y exterminar a todos los judíos, jóvenes y ancianos, niños y mujeres, en un mismo día, en el día trece del mes duodécimo, que es el mes de Adar, y de apoderarse de sus bienes"* (Ester 3:13). Este decreto fue emitido con once meses de anticipación para dar a los enemigos de los judíos tiempo para prepararse para la matanza.

El decreto de Amán era un plan demoníaco para destruir la simiente y el legado de Dios. Hay fuerzas similares que obran en el mundo actualmente. ¿Qué otra cosa podría haber detrás de la confusión y la transigencia espiritual y moral que se evidencia en todos los niveles de la sociedad? ¿Qué otra cosa podría explicar que los gobiernos hagan leyes que declaren que es legal matar bebés y es ilegal orar en las escuelas? ¿Qué otra cosa podría explicar la declaración de algunos gobiernos de que las leyes de Dios no tienen lugar en la ley, aunque la constitución esté basada en ellas?

Como en la época de Ester, un plan demoníaco se está desarrollando. Se está produciendo una guerra a muerte, pero la mayoría de la gente está durmiendo. El Cuerpo de Cristo debe despertar antes que sea demasiado tarde. La revolución de Elías es una forma en que Dios está lanzando su llamado a despertar. Muchos responden, pero se necesitan muchos más.

AYUNO PARA LA LIBERACIÓN

Protegida como estaba en el palacio, Ester, al principio, no se enteró de los siniestros planes de Amán. Pero Mardoqueo y los demás judíos, sí.

Luego que supo Mardoqueo todo lo que se había hecho, rasgó sus vestidos, se vistió de cilicio y de ceniza, y se fue por la ciudad clamando con grande y amargo clamor. Y vino hasta delante de la puerta del rey; pues no era lícito pasar adentro de la puerta del rey con vestido de cilicio. Y en cada provincia y lugar donde el mandamiento del rey y su decreto llegaba, tenían los judíos gran luto, ayuno, lloro y lamentación; cilicio y ceniza era la cama de muchos (Ester 4:1-3).

Aunque no se menciona a Dios, las acciones que aquí se relatan son las de un pueblo que derrama su corazón ante el Señor implorándole que los rescate. Su comportamiento refleja el ayuno al que se convoca en el libro de Joel:

Por eso pues, ahora, dice Jehová, convertíos a mí con todo vuestro corazón, con ayuno y lloro y lamento. Rasgad vuestro corazón, y no vuestros vestidos, y convertíos a Jehová vuestro Dios; porque misericordioso es y clemente, tardo para la ira y grande en misericordia, y que se duele del castigo. ¿Quién sabe si volverá y se arrepentirá y dejará bendición tras de él, esto es, ofrenda y libación para Jehová vuestro Dios? Tocad trompeta en Sion, proclamad ayuno, convocad asamblea (Joel 2:12-15).

Esta es la forma en que Dios detiene el juicio o el desastre en tiempos de crisis. Llamando a su pueblo a ayunar, llorar y clamar, Dios cambia las cosas.

Cuando Ester se enteró de que Mardoqueo estaba ayunando y lamentándose, le preguntó qué sucedía. Él le informó del edicto de Amán, le dio una copia, y le indicó que apelara al rey en nombre de su pueblo. Ahora Ester se enfrentaba con una gran crisis personal. Según las leyes del reino, cualquier persona, incluso la reina, que se acercara al rey en el patio interior, sin ser llamada por él, podía ser muerta. La única excepción era cuando el rey mismo extendía su cetro hacia la persona y, de esa manera, le otorgaba la audiencia no programada. Había pasado un mes desde la última vez que el rey había hecho llamar a Ester. Si ella se presentaba delante de él sin ser llamada, podría ser muerta. ¿Qué debería hacer?

La respuesta de Mardoqueo ayudó a Ester a definirse.

Entonces dijo Mardoqueo que respondiesen a Ester: No pien-

ses que escaparás en la casa del rey más que cualquier otro judío. Porque si callas absolutamente en este tiempo, respiro y liberación vendrá de alguna otra parte para los judíos; mas tú y la casa de tu padre pereceréis. ¿Y quién sabe si para esta hora has llegado al reino? Y Ester dijo que respondiesen a Mardoqueo: Ve y reúne a todos los judíos que se hallan en Susa, y ayunad por mí, y no comáis ni bebáis en tres días, noche y día; yo también con mis doncellas ayunaré igualmente, y entonces entraré a ver al rey, aunque no sea conforme a la ley; y si perezco, que perezca (Ester 4:13-16).

Ester no tenía dudas ahora de quién era o dónde estaba su destino. Ella era Hadasa, judía, hija de Dios, y su destino estaba con su pueblo. Todos estaban en manos de Dios. Ester vivía en el lujo y disfrutaba de la vida regalada de una reina, pero sabía que no podía esconderse en eso. La necesidad crítica de esa hora la compelía a arriesgar todo y avanzar hacia su destino, para bien o para mal. Ester convocó a Mardoqueo y a todos los judíos de la capital a ayunar durante tres días con ella y sus doncellas, y resolvió ir a ver al rey. El ayuno de tres días que hizo Ester cambió la corriente de los acontecimientos para el pueblo y marcó el comienzo del fin para Amán y sus malvados designios.

Hoy no es tiempo de que los hijos de Dios vivan en comodidad. No es hora de buscar un refugio ni una ruta de escape. El único refugio es Jesús; el único "escape" es ir a los brazos de Dios, buscar su rostro y resolver hacer su voluntad. No hay otro lugar seguro.

Muchos cristianos, actualmente, solo buscan evitar el dolor o la inconveniencia a toda costa. No importa lo que traiga el futuro; no importa quién tenga razón sobre los detalles del regreso de Cristo; una cosa está en claro: en los días que vendrán, será más difícil *vivir* para Dios que *morir* por Él. El verdadero martirio es vivir cada día en fiel obediencia al Señor, diciéndole que no al pecado y la transigencia, y sí a Dios y a la santidad. No es hora de hacer silencio. Ha llegado el momento de que el pueblo de Dios adopte una posición firme, de que se sacrifique, como Ester, orando y ayunando para la liberación. ¿Quién sabe si Dios cambiará el curso de la historia?

CAMBIAR EL CURSO DE LA HISTORIA

A lo largo de todo el libro de Ester la mano invisible de Dios está detrás de escena guiando las circunstancias y al pueblo hacia sus propios propósitos. Proverbios 21:1 dice: *"Como los repartimientos de las aguas, así está el corazón del rey en la mano de Jehová; a todo lo que quiere lo inclina"*. Después de su ayuno de tres días, Ester se preparó y fue sin ser llamada a ver a su esposo, el rey. Dios hizo que Asuero respondiera favorablemente a la inesperada aparición de Ester:

> *Y cuando vio a la reina Ester que estaba en el patio, ella obtuvo gracia ante sus ojos; y el rey extendió a Ester el cetro de oro que tenía en la mano. Entonces vino Ester y tocó la punta del cetro. Dijo el rey: ¿Qué tienes, reina Ester, y cuál es tu petición? Hasta la mitad del reino se te dará* (Ester 5:2-3).

Ester había planeado cuidadosamente su estrategia. En lugar de decir todo bruscamente en ese momento, invitó al rey a un banquete que le dijo que había preparado y le anticipó que Amán también estaba invitado. En el banquete, el rey volvió a preguntarle qué deseaba. Ella respondió invitando a ambos a otro banquete al día siguiente.

Amán salió del primer banquete muy animado. Pero su buen humor se evaporó cuando vio a Mardoqueo, que continuaba negándose a rendirle honor. Siguiendo consejos de su esposa y sus amigos, Amán construyó una horca y planeó colgar en ella a Mardoqueo después de obtener permiso del rey para hacerlo.

Esa noche, el rey no podía dormir, así que ordenó que le fuera leído el libro de las crónicas del reino. Algunas cosas no cambian con el tiempo. ¡Aun entonces, los documentos del gobierno eran considerados el remedio más eficaz contra el insomnio! Durante la lectura, el rey se enteró de que Mardoqueo había ayudado a frustrar un plan para asesinarlo y preguntó qué se había hecho para honrarlo. La respuesta fue que no se había hecho nada.

En ese momento, Amán llegó a la corte del rey para solicitar su permiso para colgar a Mardoqueo. Antes que pudiera hacer su pedido, el rey le preguntó qué haría él por un hombre al que el rey quisiera honrar. Pensando que el rey planeaba honrarlo a él, Amán dijo que ese hombre debía ser paseado por la ciudad a caballo, llevado por uno de los príncipes reales, vestido con las ropas del rey y con su corona en la cabeza. El rey inmediatamente ordenó a Amán que honrara de esa forma a Mardoqueo, y que él mismo condujera el caballo en el que se pasearía. Para un hombre ególatra como Amán, este fue un golpe terrible. Fue una gota más en su vaso.

Amán apenas había comenzado a sentirse humillado cuando fue convocado a asistir al segundo banquete. Mientras bebían vino, el rey le preguntó una vez más a Ester qué deseaba. Ester eligió este estratégico momento para revelarle al rey su ascendencia judía.

> *Entonces la reina Ester respondió y dijo: Oh rey, si he hallado gracia en tus ojos, y si al rey place, séame dada mi vida por mi petición, y mi pueblo por mi demanda. Porque hemos sido vendidos, yo y mi pueblo, para ser destruidos, para ser muertos y exterminados. Si para siervos y siervas fuéramos vendidos, me callaría; pero nuestra muerte sería para el rey un daño irreparable. Respondió el rey Asuero, y dijo a la reina Ester: ¿Quién es, y dónde está, el que ha ensoberbecido su corazón para hacer esto? Ester dijo: El enemigo y adversario es este malvado Amán. Entonces se turbó Amán delante del rey y de la reina* (Ester 7:3-6).

Mientras el rey salía hacia el jardín presa de la ira, Amán se quedó para rogarle a Ester por su vida. Mientras le rogaba, cayó en el lecho de ella. El rey, que regresaba del jardín, interpretó esto como una violación a Ester. Poco después, Amán fue colgado en la misma horca que había hecho levantar para colgar a Mardoqueo. A su vez, Mardoqueo fue elegido por el rey para remplazar a Amán.

El plan de Amán falló. Los acontecimientos se volvieron en su contra. Aunque las leyes de los persas impedían que un decreto real fuera rescindido, el rey permitió a los judíos de su reino que se prepararan para defenderse. Cuando llegó el día marcado para el pogrom, fueron los aliados de Amán, los enemigos de los judíos, los que fueron destruidos.

Los judíos conmemoraron su liberación con una gran celebración de la victoria que se celebra aún, anualmente, con el nombre de fiesta de Purim.

REVERTIR LAS LEYES DEMONÍACAS

Es hora de que se reviertan las leyes demoníacas. ¿Puede Dios revertir la ley que legaliza el aborto? ¿Puede revertir las leyes que impiden orar en las escuelas, o las que impiden que se exhiban los Diez Mandamientos en los edificios públicos?

¿Cómo no podrá, si es el mismo ayer, hoy y por los siglos? Él cambió el curso de los acontecimientos en la época de Ester, y puede hacerlo hoy también. Dios sigue siendo el Dios de la Biblia y no ha terminado su labor. Él puede cambiar el futuro del mundo si los cristianos oran y ayunan. Esa es la clave. ¿Qué sucedería si millones de creyentes, jóvenes y viejos, hombres y mujeres, se comprometieran a orar, buscando el rostro de Dios, y diciendo: "Señor, cambia el curso de las cosas en nuestro país. ¡Quita esas leyes demoníacas!" ¿Qué sucedería si oraran para que Dios quite a los injustos y levante a los justos, como hizo con Amán y Mardoqueo?

El libro de Ester menciona seis fiestas, tres al comienzo y tres hacia el final, con un ayuno en el medio. Muchos comentaristas sugieren que el punto de inflexión se produjo cuando el rey no pudo dormir y se enteró de cómo Mardoqueo le había salvado la vida. En realidad, el punto de inflexión fue el ayuno. Todo lo que sucedió después dependía de esto.

A lo largo de la historia, los puntos de inflexión más importantes en el trato de Dios con la humanidad siempre se han apoyado en el ayuno y la oración. La Biblia lo demuestra claramente muchas veces. Lo mismo se aplica en la actualidad. Está surgiendo una nueva generación, que avanzará con total abandono a Cristo. Los Elías, los Eliseos y los Jehúes de este mundo se están levantando y son quienes proclamarán osadamente: "¡Tolerancia cero!" para los pecados de Jezabel en la Tierra. También están surgiendo las Esteres de este tiempo, con ayuno y oración, y con la resolución de sacrificarse a sí mismas para que su nación sea liberada, sea cual fuera el precio que ellas, personalmente, deban pagar. Estos jóvenes están dispuestos a cambiar las cosas, a avanzar creyendo que Dios cambiará los decretos y las leyes demoníacas y romperá las fortalezas demoníacas sobre la Tierra. No han surgido por casualidad. Por el contrario, son hijos apasionados del Rey que han "llegado al reino para esta hora".

LA MAYOR COSECHA

La mayor cosecha de la historia de las naciones de la Tierra está por venir. Los viejos decretos de Amán están comenzando a resquebrajarse. No es hora de ser pasivos o de no comprometerse, sino de avanzar con Dios, diciendo: "Señor, ¿cuál es mi lugar?" Cristo está despertando a su Iglesia, y esta es la hora de escuchar su voz y avanzar con Él.

El destino está en las manos de Dios, no en manos del gobierno, ni siquiera de los líderes de la iglesia. A los que siguen fielmente el llamado de Dios, Él los levantará cuando sea tiempo. El progreso viene del Señor, no de los hombres. Muchos creyentes están buscando una "posición real" en algún lugar del horizonte, sin darse cuenta de que su posición en el reino está justo debajo de sus narices. La posición real no tiene nada que ver con el "puesto", sino con la influencia. El viejo adagio que reza: "Florece donde fuiste plantado" es muy cierto. Dios es quien nos planta. Los que son fieles en la esfera de influencia que Dios les asigna, recibirán una esfera de influencia mayor.

Dios desea dar vuelta el mundo, y está comenzando con su propio pueblo. Ya se ha escuchado el llamado del "mandato de Ester": el sacrificio de orar y ayunar para que sean revertidas las leyes demoníacas y sea salvada la nación. Dios da vuelta a su pueblo para marcar una diferencia en sus vidas, de manera que puedan marcar una diferencia en el mundo. Responda al llamado. Acepte el desafío del mandato de Ester. Cambie el mundo. *"¿Y quién sabe si para esta hora has llegado al reino?"*

CAPÍTULO 8

Pasión por Jesús

Una de las necesidades más acuciantes de la Iglesia moderna en las naciones es recobrar una santa pasión por Jesús. Esto es, primero, un tema muy personal. No puede haber una pasión "colectiva" por Jesús hasta que haya individuos apasionados que estén ardientemente enamorados de Él y que luego se reúnan, de modo que sus chispas enciendan un verdadero incendio. Una antorcha enciende la otra, hasta que el fuego de su amor se extiende de tal modo que arrasa con todo lo que está en su camino.

La auténtica pasión por Jesús puede ser descripta de muchas formas. Andrew Murray, el gran predicador, maestro, escritor y hombre de Dios de hace un siglo, lo llamó "entrega absoluta". Otros, particularmente los cristianos del Sur de Estados Unidos en el siglo XIX, preferían llamarlo "ser atrapado por el poder de un intenso sentimiento". Muchos han explicado su pasión diciendo que estaban "consumidos por Dios" o "poseídos por Dios". Sea cual fuera la terminología utilizada, el significado es el mismo: singular y exclusivo amor y devoción a la persona del Señor Jesucristo.

Para los judíos devotos, el amor consumidor por Dios es el centro mismo de su fe: *"Amarás a Jehová tu Dios de todo tu corazón, y de toda tu alma, y con todas tus fuerzas"* (Deuteronomio 6:5). Jesús llamó a este el *"primero y grande mandamiento"* (Mateo 22:38). Para el apóstol Pablo, Cristo era todo:

Porque para mí el vivir es Cristo, y el morir es ganancia (Filipenses 1:21).

Pero cuantas cosas eran para mí ganancia, las he estimado como pérdida por amor de Cristo. Y ciertamente, aun estimo todas las cosas como pérdida por la excelencia del conocimiento de Cristo Jesús, mi Señor, por amor del cual lo he perdido todo, y lo tengo por basura, para ganar a Cristo (Filipenses 3:7-8).

Simón Pedro declaró que todos los verdaderos creyentes son parte del pueblo único de Dios que son poseídos por Él:

*Mas vosotros sois linaje escogido, real sacerdocio, nación santa, **pueblo adquirido por Dios**, para que anunciéis las virtudes de aquel que os llamó de las tinieblas a su luz admirable; vosotros que en otro tiempo no erais pueblo, pero que ahora **sois pueblo de Dios**; que en otro tiempo no habíais alcanzado misericordia, pero ahora habéis alcanzado misericordia (1 Pedro 2:9-10).*

GEDEÓN: REVESTIDO POR DIOS

Gedeón fue poseído por Dios, y eso cambió su vida. Cuando llegó el encuentro con Dios, estaba sacudiendo grano en el lagar para esconderlo de las bandas de madianitas que merodeaban por el lugar. *"Y el ángel de Jehová se le apareció, y le dijo: Jehová está contigo, varón esforzado y valiente. [...]. Ve con esta tu fuerza, y salvarás a Israel de la mano de los madianitas. ¿No te envío yo?"* (Jueces 6:12, 14b). Gedeón no se sentía como un valiente guerrero. *"Entonces le respondió: Ah, señor mío, ¿con qué salvaré yo a Israel? He aquí que mi familia es pobre en Manasés, y yo el menor en la casa de mi padre"* (Jueces 6:15). El Señor le dio seguridad: *"Jehová le dijo: Ciertamente yo estaré contigo, y derrotarás a los madianitas como a un solo hombre"* (Jueces 6:16).

Gedeón necesitaba algo más para convencerse antes de estar listo para salir a cumplir el llamado de Dios. Dos veces sacó su famoso vellón en busca de una confirmación, y las dos veces el Señor le respondió. Aun así, el primer acto de Gedeón fue de gran cautela. Por temor a los siervos de su padre y bajo la cubierta de la noche, Gedeón derribó y destruyó el altar a Baal, y cortó la imagen de Asera que pertenecían a su padre. Pero después de esto, el valor de Gedeón creció, porque Dios cumplió su promesa de estar con él: *"Entonces el Espíritu de Jehová vino sobre Gedeón, y cuando éste tocó el cuerno, los abiezeritas se reunieron con él"* (Jueces 6:34). A partir de allí, Gedeón se dedicó a destruir todo el ejército madianita con tan solo trescientos hombres propios. El Señor le dio una gran victoria, porque lo revistió con una fortaleza que solo Él puede dar.

La recompensa que Gedeón recibió por enfrentar sus temores y destruir los lugares altos fue ser revestido y poseído por el Espíritu de Dios. ¡No es de extrañarse que Gedeón hubiera cambiado! ¡Usted también habría cambiado!

Lo mismo sucede en cada generación. Las personas que Dios usa no son, generalmente, personas especiales o extraordinarias; son personas típicas, comunes, que se han encontrado con un Dios extraordinario. Han tocado a Dios, y Dios las ha tocado a ellas y, por ello, sus vidas han cambiado para siempre. Eso debería alentarnos a cada uno de nosotros a comprender que nosotros también podemos "hacer historia" como parte de la revolución de Elías.

CONSUMIDO POR EL CELO DE DIOS

Los miembros de la generación actual de Elías, y otros creyentes que tienen una pasión extrema por Jesucristo, tienen buena compañía. El largo camino de la historia de la Iglesia está bien iluminado gracias a las lámparas de los santos cuyas vidas ardieron con el fuego interior de Dios. Durante el tiempo que vivió en la Tierra, Jesús mismo, aunque era Dios, era consumido por un profundo celo por su Padre. Como en todas las otras cosas, su ejemplo en este sentido es un modelo para todo creyente.

La última semana de la vida terrenal de Jesús comenzó con su entrada triunfal a Jerusalén, montado sobre una bestia de carga. Esto, en sí mismo, era un hecho mesiánico y el cumplimiento de una profecía de Zacarías: *"Alégrate mucho, hija de Sion; da voces de júbilo, hija de Jerusalén; he aquí tu rey vendrá a ti, justo y salvador, humilde, y cabalgando sobre un as-*

no, sobre un pollino hijo de asna" (Zacarías 9:9). La gente se agolpaba para verlo y arrojaba hojas de palmera sobre el camino por el que Él avanzaba, recibiéndolo al grito de *"¡Hosanna al Hijo de David! ¡Bendito el que viene en el nombre del Señor! ¡Hosanna en las alturas!"* (Mateo 21:9b).

"Hijo de David" era un título que, en la época de Jesús, se utilizaba, generalmente, en referencia al Mesías. Al aplicarlo a Jesús, la gente estaba reconociéndolo como descendiente del rey David y heredero de su trono. Jesús era el cumplimiento de la promesa de Dios a David, de que su linaje ocuparía el trono de Israel para siempre (ver 2 Samuel 7:13).

Después de ser aclamado por el pueblo, *"...entró Jesús en el templo de Dios, y echó fuera a todos los que vendían y compraban en el templo, y volcó las mesas de los cambistas, y las sillas de los que vendían palomas; y les dijo: Escrito está: Mi casa, casa de oración será llamada; mas vosotros la habéis hecho cueva de ladrones"* (Mateo 21:12-13). Para muchos, creyentes y no creyentes, esta imagen de Jesús es turbadora. Sin duda no encaja con la imagen del "dulce y tierno Salvador". ¿Es que Jesús simplemente estalló, o había algo más profundo? Juan nos da una idea en su versión del incidente cuando observa que *"Entonces se acordaron sus discípulos que está escrito: El celo de tu casa me consume"* (Juan 2:17), que es una referencia a Salmos 69:9: *"Porque me consumió el celo de tu casa; y los denuestos de los que te vituperaban cayeron sobre mí"*.

Jesús era muy celoso del nombre y la reputación de su Padre y del honor de su casa. Los cambistas y los vendedores de palomas llevaban a cabo una operación oficialmente reconocida de soborno, codicia y deshonestidad. Engañaban a la gente cobrándole precios exorbitantes por cambiarle la moneda corriente por moneda del templo, que era la aceptada para las ofrendas, y para brindar animales "preaprobados" para los sacrificios, para remplazar los que eran hallados, muchas veces sin justa causa, inaceptables o manchados. Al aprobar este arreglo, del que recibían su parte, los sacerdotes y otros líderes religiosos, a los que se les había confiado la tarea de representar a Dios delante del pueblo, deshonraban la casa de Dios y manchaban su reputación. Le daban "mala fama" a Dios.

Consumido por el celo de Dios, como un hijo celoso por el buen nombre de su Padre, Jesús dio vuelta las mesas para convertir a la casa de su Padre en lo que debía ser: un lugar de oración donde las personas pudieran llegar a encontrarse con Dios. La pasión por Dios no permite tolerar el mal de ninguna clase, especialmente cuando este mantiene a las personas separadas o distanciadas de Él.

"COMO EL MISMO ALIENTO DE DIOS"

*U*na forma de describir el avivamiento es cuando un "cielo abierto" aparece sobre una región. Pero antes de abrirse sobre una región, el cielo se abre sobre una persona o un grupo de personas que han buscado apasionadamente y sin descanso a Dios. Históricamente, los avivamientos siempre son precedidos por un tipo de oración apasionada. Cuando el Señor toca a una persona y abre los cielos sobre ella, donde ella vaya, la radiante y preeminente presencia del Señor se difunde y produce una zona de "radiación santa" que absorbe a cada persona que entra a esa área o que se acerca a la persona. ¿Quiere usted ser portador de la gran presencia de Dios? Permita que el glorioso Intruso invada sus impías zonas cómodas, y entonces Él lo usará para abrir los cielos para otros.

Charles Finney fue uno de estos hombres. Bajo el ministerio de este gran evangelista del siglo XIX, más de 500 000 personas se convirtieron a Cristo, de las cuales 100 000 o más se convirtieron en Nueva York solamente. Es un hecho bien documentado que cierta vez, cuando entró a una fábrica para hablar con los obreros, muchos de ellos cayeron bajo una profunda convicción de pecado con su sola presencia en el lugar. Finney tenía una pasión por Jesús que era contagiosa. Había un cielo abierto sobre él, y las vidas de miles de personas fueron transformadas.

¿Qué era lo que encendía la pasión de Charles Finney? ¿Qué encendía el fuego de Dios en su espíritu? No existe mejor descripción que la que él mismo brinda:

> No había fuego, ni luz, en el cuarto; pero de todas maneras, a mí me parecía como si estuviera perfectamente iluminado. Cuando entré y cerré la puerta detrás de mí, me pareció como si hubiera encontrado al Señor Jesús cara a cara. No se me ocurrió entonces, ni durante un tiempo después, que fue una situación totalmente mental. Por el

contrario, me parecía que lo veía como hubiera visto a cualquier otro hombre. Él no dijo nada, pero me miró de tal manera que parecía que iba a quebrantarme haciéndome caer a sus pies. Siempre, desde entonces, he considerado que fue un estado mental realmente notable, ya que me pareció real que Él estuviera delante de mí, y yo caí a sus pies y derramé mi alma ante Él. Lloré a gritos como un niño, y confesé todo lo que pude con mis palabras entrecortadas. Me parecía que bañaba sus pies con mis lágrimas; pero no tuve una impresión clara de haberlo tocado, que yo pueda recordar.

Debo de haber continuado en este estado durante un rato largo; pero mi mente estaba demasiado absorbida en el encuentro como para recordar algo de lo que dije. Pero sé que, apenas mi mente se calmó lo suficiente como para tomar distancia de este encuentro, regresé a la oficina delantera y descubrí que el fuego que había hecho con leños grandes ya se había consumido. Al girar, cuando estaba a punto de sentarme junto al fuego, recibí un poderoso bautismo del Espíritu Santo. Sin esperarlo, sin que el pensamiento de que hubiera tal cosa para mí jamás hubiera cruzado mi mente, sin recordar jamás haber oído de tal cosa mencionada por ninguna persona en el mundo, el Espíritu Santo descendió sobre mí en una forma que parecía atravesarme, cuerpo y alma. Podía sentir la impresión, como una onda de electricidad que me atravesaba una y otra vez. En realidad, parecía venir en oleadas de amor líquido, porque no puedo expresarlo de otra manera. Parecía el aliento mismo de Dios. Puedo recordar claramente que parecía abanicarme, como si fueran unas alas inmensas.

No hay palabras que puedan expresar el maravilloso amor que fue derramado generosamente sobre mi corazón. Lloré a gritos, de gozo y amor; y no sé cómo expresarlo, sino diciendo que literalmente brotaron de mis entrañas los gemidos indecibles de mi corazón. Estas olas venían sobre mí, sobre mí, sobre mí, una tras otra, hasta que recuerdo que exclamé: "¡Moriré si estas olas siguen pasando sobre mí!" Dije: "Señor, no puedo soportarlo más", pero no temía morir.[24]

Charles Finney experimentó la posesión por parte de Dios. ¿Es de extrañarse, entonces, que haya hecho tal impacto por Cristo dondequiera que fue?

UNITAS FRATRUM

Cuando los creyentes en Cristo concentran su pasión en la persona de Jesucristo, suceden grandes cosas. A principios del siglo XVIII los moravos, que operaban desde Herrnhut, su pueblo en las tierras del conde Nicholas von Zinzendorf, lanzaron el moderno movimiento misionero. Uno de sus lemas era "Nadie trabaja si otro no ora". Con ese fin, iniciaron una "reunión de oración" que duró más de cien años. Durante más de un siglo, constantemente, veinticuatro horas por día y siete días por semana, se levantaron oraciones desde Herrnhut. Estaban comprometidos a "ganar para el Cordero las recompensas de su sufrimiento". Y Dios honró en gran manera su fidelidad y su pasión.

Uno de los secretos de los moravos fue su compromiso para con el concepto que ellos llamaban *unitas fratrum*, es decir, "unidad de los hermanos". Dado que su grupo estaba compuesto por refugiados religiosos, disidentes y expulsados que habían huido de la persecución, los moravos provenían de diversos trasfondos. Aunque diferían entre sí en numerosos aspectos doctrinales y teológicos, lograron una unidad notable. Esto se debía al hecho de que decidieron buscar la unidad no en doctrina ni teología, sino en la centralidad de la persona de Jesucristo. Fueran cuales fueran sus otras diferencias, los moravos compartían una devoción personal apasionada por Cristo.

El grupo de creyentes estaba en un estado muy similar al que está hoy la mayoría de los cristianos. Ellos, que se reunían en Herrnhut para perseguir su sueño de libertad, provenían de trasfondos religiosos muy diversos. Durante los cinco primeros años de su existencia como comunidad

después de su fundación, en 1722, experimentaron dispu-
tas, disensiones y peleas. No eran mejores ni peores que
usted o yo, pero se comprometieron profundamente con
Jesucristo y con la oración, y esto los transformó y los
cambió para siempre. Comenzaron a pensar cosas grandes, como Dios deseaba, y a sentir una ardiente compasión por los perdidos, como la de Dios. Recibieron una fe
sobrenatural para enfrentar desafíos que, en muchos casos, les costaban su libertad o su vida. Pero lo hacían con
fidelidad y gozo. Los moravos cambiaron el mundo porque permitieron que Dios los cambiara a ellos. Dios desea
cambiar el mundo nuevamente, y está mirándonos a usted y a mí. ¿Está dispuesto a buscar el mismo fuego que
inspiró a los creyentes moravos hace dos siglos?[25]

Como sucedió con los moravos, la verdadera unidad espiritual se encuentra siempre y solamente en la persona de Jesucristo. Nunca será lograda por medio del consejo de hombres o las componendas de la
religión. Jesucristo es el común denominador que llevará a todo el pueblo de Dios a la unidad.

"SEÑOR, DÓBLAME"

El avivamiento de Gales en 1904-1905 fue uno de los movimientos de Dios más fenomenales en el siglo XX, y parte de
un despertar evangélico en todo el mundo. Uno de los instrumentos humanos que Dios usó con gran eficacia en este avivamiento fue Evan Roberts, un joven minero de las minas de carbón que tenía poco más de
veinte años. Roberts había estado orando por un avivamiento en Gales
desde que era un adolescente. Cuando tenía trece años, le había preguntado a un anciano de su pueblo: "Cuando Dios viene, ¿dónde aparece?" El anciano, que había sido testigo de visitaciones divinas
anteriormente, respondió: "Cuando Dios viene, siempre se aparece, primero, en una reunión de oración". Roberts, entonces, comenzó a asistir
a todas las reuniones de oración que pudiera. No le importaba de qué
denominación era la iglesia o qué nombre llevaba; si estaban orando, él
quería estar allí, porque quería estar presente cuando Dios apareciera.

Aun a esta joven edad, Evan Roberts tenía pasión por Jesús.

El rol de Roberts en el avivamiento de Gales comenzó cuando, siendo estudiante del Instituto Metodista, asistió a una serie de reuniones de Seth Joshua, un evangelista presbiteriano cuyas predicaciones fueron uno de los puntos de partida del avivamiento. Geoff Waugh, un historiador de avivamientos de la actualidad, relata lo que sucedió:

> Allí, Seth Joshua cerró su ministerio en la reunión del jueves por la mañana, gritando en galés: "Señor, dóblanos". Evan Roberts fue al frente, se arrodilló y oró fervientemente: "Señor, dóblame...". Antes de entrar a la Academia, había tenido un encuentro muy profundo con Dios y una visión de toda Gales elevada a los cielos. Después de esto, con frecuencia, dormía con un sueño liviano hasta la una de la madrugada, cuando se despertaba para estar durante horas en comunión con Dios, y luego volvía a dormir. Estaba convencido de que el avivamiento tocaría a toda Gales y finalmente lideró un pequeño grupo que fue por todo el país, orando y predicando.
>
> En octubre de 1904, en su primer año en la Academia, después del impacto que el Espíritu hizo sobre él en las reuniones de Seth Joshua, tomó una breve licencia para regresar a su pueblo para desafiar a sus amigos, especialmente a los jóvenes.
>
> El Espíritu Santo convencía de pecado a las personas mientras Evan Roberts insistía:
>
> 1. Debes abandonar todo pecado no confesado.
> 2. Debes abandonar todo hábito dudoso.
> 3. Debes obedecer al Espíritu prontamente.
> 4. Debes confesar a Cristo públicamente.
>
> Creía que el bautismo del Espíritu Santo era la esencia del avivamiento, y que la condición fundamental del avivamiento es que los individuos experimenten tal bautismo.
>
> Evan Roberts recorrió los valles galeses, muchas veces

sin predicar, sino sentándose con la cabeza entre las manos, orando ansiosamente. En Neath, pasó una semana orando, sin salir de su cuarto. El avivamiento hacía que las iglesias estuvieran atestadas de gente, pero nadie lo vio en toda la semana. Él pagaba el precio con oración y lágrimas.[26]

Evan Roberts no comprendería el enfoque de "soluciones rápidas" que se propone en la actualidad y que espera cambiar al mundo con un devocional diario de cinco minutos y dos minutos de oración. ¿Es de extrañarse que tan pocos cristianos en nuestro país hayan sido testigos de un obrar de Dios poderoso o hayan experimentado un toque poderoso de parte de Él? Los cristianos de la generación de "Elías" están comenzando a redescubrir el fuego interior que movía a Roberts, una pasión ardiente y ferviente por Jesús que busca nada menos que una invasión total del Espíritu Santo en toda la Tierra.

"EL SIERVO DEL SEÑOR FUE POSEÍDO POR DIOS"

Rees Howells fue un poderoso hombre de oración, un intercesor. A los ojos de muchos, entonces y ahora, sus oraciones durante la Segunda Guerra Mundial fueron un factor principal para determinar que Gran Bretaña no fuera invadida por la Alemania nazi.

Hace un tiempo, cuando Jim estuvo en Gales, Dios, sobrenaturalmente, abrió una puerta que le permitió conocer al hijo de Rees Howells. El Señor Samuels, de ochenta y seis años en ese momento, era una persona que vivía bastante recluida. Nunca daba entrevistas y rara vez se reunía con alguien u oraba con alguien personalmente. Jim recuerda muy bien ese día.

> Yo había estado clamando al Señor: "Oh, Dios, necesitamos esta clase de autoridad y revelación e intercesión". El Señor escuchó el clamor de mi corazón y preparó divinamente un encuentro. Ahora, mi amiga Sue y yo estábamos en el mismo edificio, junto al mismo cuarto azul donde Rees Howells llevó a cabo muchas de sus reunio-

nes de oración durante la Segunda Guerra Mundial. Estábamos sentados en el cuarto con su hijo, tomando té inglés, muy correctos todos.

Entonces le pregunté al señor Samuels: "Señor, ¿cómo es que su padre, el Sr. Howells, recibía la revelación de por qué orar, y cuándo?" Yo sabía que no lo sabía por la radio ni por los periódicos. "¿Cómo sabía por qué batallas orar y dónde?"

El señor Samuels me respondió: "¿No cree usted que es hora de disfrutar de otro bollito?"

Charlamos sobre muchas cosas, sobre cómo más de cincuenta años antes habían recibido revelación y profecías con relación al éxodo de los judíos y habían orado las profecías de Jeremías.

Sentí que tenía que intentarlo otra vez. Respetuosamente, y con el temor de Dios sobre mí, le pregunté por segunda vez: "Señor Samuels, ¿cómo recibió su padre la revelación para saber por qué orar y cuándo?"

Él me dijo: "¿No cree que es hora de tomar un poco más de té?"

Continuamos hablando sobre otras cosas, hasta que sentí que ya no podía soportarlo; un toro salvaje estaba creciendo dentro de mí. Así que le pregunté una vez más: "Señor Samuels, ¿cómo recibió su padre esa revelación?"

Mi amiga Sue estaba peor que yo. Se puso de rodillas delante de él y le dijo, suavemente: "Señor Samuels, nuestra nación está en un tiempo de gran necesidad. Necesitamos esta clase de revelación y esta clase de autoridad".

Le pregunté nuevamente: "Señor Samuels, ¿cómo es que su padre y los que estaban con él orando recibieron esta clase de revelación y autoridad? ¿Vino un ángel? ¿Vino por sueños y señales? ¿Cómo les llegó esta revelación?"

El señor Samuels vio que no nos íbamos a ir sin recibir una respuesta. Nos miró y, mientras una lágrima caía por su mejilla, dijo: "Ustedes deben entender que el siervo de Dios estaba poseído por Dios".

No formulé ninguna pregunta más. No tuve que hacerlo;

todas habían sido respondidas. No me importa si fue por medio de un ángel, si fue por sueños o visiones, si fue la confirmación de muchas voces. La revelación llegó porque una persona había conmovido a Dios, y Dios la tocó. Alguien había tocado el borde de su manto y había atraído su presencia.

Entonces, el señor Samuels hizo algo maravilloso. Nos impuso sus manos e hizo una oración muy sencilla para pedir la bendición del Padre y que la unción para intervenir en las crisis por medio de la intercesión pasara a la siguiente generación. Esto fue una gloriosa confirmación para mí, porque un tiempo antes el Señor ya me había revelado que orar por la intervención en las crisis sería mi próxima "misión".

¿Cuál es la clave de la revelación? ¿Cuál es la clave de lo profético? ¿Cuál es la clave para moverse con poder espiritual? Muy sencillamente: la clave para todas estas cosas es ser poseídos por Dios.

LA PASIÓN POR JESÚS ALIMENTA LA LLAMA DE LA ORACIÓN VICTORIOSA

La oración radical siempre precede al avivamiento; es un hecho indiscutible. El amor apasionado por Jesús siempre lleva a orar apasionadamente. Lo más bello de esto es que cualquier creyente puede hacerlo. El poder espiritual y la efectividad no se limitan a unas pocas personas especiales o a un cuerpo de "elite" cristiana. Cualquier creyente que decida amar al Señor por sobre todo lo demás y creer sus promesas puede conocerlo íntimamente y experimentar la oración victoriosa. La edad o el estado físico no tienen nada que ver con esto. Es cuestión del corazón.

Después del horror y las luchas de la Segunda Guerra Mundial, la vida espiritual en muchas naciones del mundo occidental estaba en un punto muy bajo. Se necesitaba un toque nuevo de Dios. Esto era tan cierto en las Islas Hébridas de Escocia, como en cualquier otro lugar. En 1949, dos hermanas ancianas, Peggy y Christine Smith, comenzaron a orar continuamente por el avivamiento. Peggy tenía 84 años y era ciega; Christine tenía 82 y estaba postrada a causa de la artritis. Cuando oraban, día tras día, Dios les recordó sus palabras en Isaías:

Se alegrarán el desierto y la soledad; el yermo se gozará y florecerá como la rosa. Florecerá profusamente, y también se alegrará y cantará con júbilo; la gloria del Líbano le será dada, la hermosura del Carmelo y de Sarón. Ellos verán la gloria de Jehová, la hermosura del Dios nuestro. [...].Entonces los ojos de los ciegos serán abiertos, y los oídos de los sordos se abrirán. Entonces el cojo saltará como un ciervo, y cantará la lengua del mudo; porque aguas serán cavadas en el desierto, y torrentes en la soledad. El lugar seco se convertirá en estanque, y el sequedal en manaderos de aguas (Isaías 35:1-2, 5-7a).

Peggy y Christine oraron según Isaías 64:1a: *"¡Oh, si rompieses los cielos, y descendieras...!"* Y Él lo hizo. El historiador de avivamientos Geoff Waugh relata cómo comenzó el avivamiento en las Hébridas:

Dios le mostró a Peggy en un sueño que se acercaba el avivamiento. Meses después, una mañana de invierno, temprano, mientras las hermanas estaban orando, Dios les dio una inquebrantable convicción de que el avivamiento estaba cerca.

Peggy le pidió a su ministro, James Murray Mackay, que convocara a los líderes de la iglesia para orar. Tres noches por semana, durante varios meses, los líderes oraron juntos. Una noche, comenzaron a orar a las 22:00 y un joven diácono de la Iglesia Libre leyó el Salmo 24 y desafió a todos a estar limpios delante de Dios. Mientras ellos esperaban en Dios, su grandiosa presencia se desató sobre ellos en el granero, a las 04:00 de la mañana.

Mackay invitó a un hombre llamado Duncan Campbell a conducir algunas reuniones en su iglesia. Dos semanas después, él fue, a pesar de que tenía otros compromisos.

Dios había intervenido y había cambiado los planes y los compromisos de Campbell. Al terminar la primera reunión donde predicó en la Iglesia Presbiteriana de Barvas, el predicador, aunque cansado por el viaje, recibió la invitación de unirse a una vigilia de oración. Treinta personas se reunieron para orar en una casa cercana.[27]

El Espíritu de Dios cayó esa noche y se irradió en todas direcciones. Por toda la isla, hombres y mujeres comenzaron a buscar a Dios y clamar pidiendo misericordia y perdón, aun personas que no estaban cerca de donde se habían realizado las reuniones. Dios estaba haciendo una obra totalmente sobrenatural.

Cuando Duncan Campbell y sus amigos llegaron a la iglesia, esa mañana, ya estaba atestada de gente. Se había reunido gente de toda la isla. Algunos habían llegado en autobuses y camionetas. Nadie descubrió quién les había dicho que asistieran. Dios los llevó. Grandes cantidades de personas se convirtieron mientras el Espíritu de Dios convencía a las multitudes de pecado. Muchos se postraban; otros lloraban.[28]

Campbell continuó predicando durante cinco semanas, y el Señor obraba poderosamente en los corazones de muchos. En todo lugar de la isla, las personas experimentaban el poder y la presencia de Dios.

Aunque el nombre de Duncan Campbell está escrito en letras prominentes en la historia del avivamiento de las Hébridas, fueron Peggy y Christine Smith, en su hogar, y un grupo pequeño de fieles adolescentes que oraban en un granero los que ganaron por medio de la oración vencedora. Parecería como si la reunión de las generaciones hubiera funcionado, también, en aquella ocasión. En el centro de todo esto estaba su pasión por Jesús y su carga por ver la presencia y el poder del Señor sobre su tierra. Se "conectaron" con la fuente de poder divino. Una "zona de radiación santa" de ocho kilómetros de diámetro cayó del cielo, todo porque Dios tomó posesión de algunas personas que creyeron que sus pequeñas llaves de oración podían abrir grandes puertas.

¡DIOS PUEDE HACERLO OTRA VEZ!

Dios quiere hacerlo otra vez; quiere enviar un avivamiento. Está buscando personas que estén dispuestas a pagar el precio en oración vencedora y ayuno. En este día y en esta generación, muchos están respondiendo a su llamado. Los creyentes de la generación de Elías están captando el mismo espíritu y la misma pasión por el Señor que iluminó y movilizó las vidas de Gedeón, Pedro, Pablo, Finney, los moravos, Evan Roberts, Rees Howells, Peggy y Christine Smith y Duncan Campbell. Se están entregando totalmente para ser poseídos por Dios, para que Él invada las zonas cómodas que no le han entregado y los impulse a los lugares donde Él quiere que vayan.

La clave es tener hambre y sed de Él. Jesús dijo: *"Bienaventurados los que tienen hambre y sed de justicia, porque ellos serán saciados"* (Mateo 5:6). La invitación en el Apocalipsis es: *"Y el Espíritu y la Esposa dicen: Ven. Y el que oye, diga: Ven. Y el que tiene sed, venga; y el que quiera, tome del agua de la vida gratuitamente"* (22:17).

Las personas que tienen pasión por Jesús tienen perpetuamente sed de Él. Aun cuando los llena del agua de la vida, con eso solo aumenta su apetito. Las personas apasionadas son las que Dios utilizará para cambiar el mundo. Los que se sientan a mirar desde afuera y los tibios rara vez logran algo. Quienes se han "anotado" para la revolución de Elías ya están cansados de mirar desde afuera. Están cansados de medidas tibias, ya sean propias o de otra persona. El Espíritu de Dios se está moviendo. Su ejército está creciendo. Los revolucionarios están sueltos en la Tierra, preparando el camino para un avivamiento por medio del ayuno y la oración vencedora. Sucedió antes, y puede suceder ahora. Según las palabras de un viejo himno evangélico: "¡Ven, entonces, únete al grupo santo, y avancemos hacia la gloria!"

CAPÍTULO 9

¡Revívenos otra vez!

Una santa pasión será el latido del obrar del Espíritu Santo en los últimos tiempos, que cada vez está más cerca. Será un amor apasionado por Dios, el amor de la Esposa por su Esposo, el amor entre padres y madres y sus hijos e hijas. Será el amor del Padre celestial derramado en y a través de sus hijos.

El Padre anhela lanzar una demostración de sus hijos e hijas en el escenario de la historia. Más de una vez los evangelios registran que su voz retumba desde los cielos diciendo de Jesús: *"Este es mi Hijo amado, en quien tengo complacencia"*. Él quiere mostrar a sus Elías, sus Eliseos, sus Jehúes, sus Esteres y sus Déboras, presentarlos delante del mundo vestidos de bondad y justicia y coronados de santidad y decir: "Estos son mis preciosos hijos, a los que amo".

Dios está buscando intensamente hijos con los que pueda guardar su pacto. *"Porque los ojos de Jehová contemplan toda la tierra, para mostrar su poder a favor de los que tienen corazón perfecto para con él"* (2 Crónicas 16:9a). La pasión del corazón por Dios es la clave que libera la plenitud de su presencia y su poder en las vidas de sus hijos.

Aunque Dios desea bendecir a su pueblo y usarlo para bendecir la Tierra, el diablo siempre trata de destruir. Satanás quiere maldecir a los hijos e hijas y separarlos de su herencia y su destino divino. Es por eso que ha atacado tan salvajemente a la familia sembrando semillas de discordia, desconfianza y confusión moral que llevan a divorcios, vidas destruidas, relaciones rotas, y esperanzas y sueños rotos. Sus ansias de destruir están detrás de la industria del aborto, que trata de borrar la promesa de toda una generación nueva. Dado que odia la verdad, Satanás ha inspirado leyes y filosofías que niegan a Dios, acallan la voz pública de la Iglesia y dejan a millones de jóvenes a la merced de los promotores del racionalismo, el relativismo y el humanismo.

Para que las sociedades de nuestros países sean transformadas, debe restaurarse la conexión espiritual entre la generación mayor, la intermedia y la joven. La "brecha generacional" que se abrió en los años de 1960 significó, de parte de los jóvenes, un rechazo generalizado a los valores tradicionales y la rebelión contra la autoridad, y sus efectos aún se sienten una generación después. Para cruzar esa brecha, será necesario que las tres generaciones trabajen juntas. Cada generación debe comprometerse a pasar sus valores, sabiduría y autoridad a la siguiente. Los creyentes, sea cual fuera su edad, deben estar dispuestos a "pararse en la brecha" e interceder por la reconciliación generacional. De no ser así, esta maldición de rebelión y división nunca será rota y, con el tiempo, empeorará.

LA TIERRA ES DE DIOS

Lamentablemente, muchos son los cristianos que no esperan que esa maldición sea rota. No pueden ver la "luz", porque están mirando las tinieblas. No buscan un gran avivamiento en los últimos tiempos, porque su teología los ha condicionado para que esperen solamente que el mal aumente. Este punto de vista fatalista excluye cualquier posibilidad de renovación espiritual al final de los tiempos, porque, después de todo, "quien controla el mundo es el diablo, no Dios". Tal actitud, aunque puede fomentar un sentido de urgencia en cuanto a la evangelización, también desalienta cualquier esfuerzo serio de los creyentes por influir en su cultura y cambiarla.

El proceso mental es algo así: "Las tinieblas están cada vez peores, y Jesús dijo que así iba a ser, así que ¿por qué preocuparse?" Este pensamiento erróneo agrega: "Dado que Dios ha relegado todo a lo espiritual y no a lo físico, la Iglesia debe concentrarse solamente en ganar almas y esperar que Cristo venga a rescatarla de la tormenta creciente". ¡Pero nosotros declaramos que es hora de hacer guerra contra esas fortalezas de dudas y descreimiento!

El problema de este punto de vista fatalista es que no da suficiente mérito a la omnipotencia de Dios. Es cierto que, a medida que se aproxima el fin, el mal crecerá; el Nuevo Testamento lo enseña claramente. Pero también es cierto que, así como crece el mal, crece la justicia. A medida que se levanta la marea del mal, Dios derrama su misericordia y su gracia en medida aún mayor. Dios es un Rey soberano, y quiere que su dominio se extienda por sobre todo. No solo Él es la autoridad absoluta sobre un reino espiritual, sino que –a pesar de lo que algunos creyentes han aprendido, aparentemente– nunca ha abdicado a su trono sobre la Tierra. Salmos 24.1 dice: *"De Jehová es la tierra y su plenitud; el mundo, y los que en él habitan"*.

Si la Tierra es del Señor, entonces, esto significa que, en última instancia, Él es el que tiene el control. Todo rey, todo presidente, todo gobernante, toda estación e institución de la humanidad debe estar bajo el reinado soberano de Dios. No importa cuán fuertes, extendidos o aun invencibles puedan parecer, los planes, las maquinaciones y las trampas de los hombres no son nada a los ojos de Dios.

> *¿Por qué se amotinan las gentes, y los pueblos piensan cosas vanas? Se levantarán los reyes de la tierra, y príncipes consultarán unidos contra Jehová y contra su ungido, diciendo: Rompamos sus ligaduras, y echemos de nosotros sus cuerdas. El que mora en los cielos se reirá; el Señor se burlará de ellos. Luego hablará a ellos en su furor, y los turbará con su ira. Pero yo he puesto mi rey sobre Sion, mi santo monte. Yo publicaré el decreto; Jehová me ha dicho: Mi hijo eres tú; yo te engendré hoy. Pídeme, y te daré por herencia las naciones, y como posesión tuya los confines de la tierra. Los quebrantarás con vara de hierro; como vasija de alfarero los desmenuzarás. Ahora, pues, oh reyes, sed prudentes; admitid amonestación, jueces de la tierra. Servid a Jehová con temor, y alegraos con temblor. Honrad al Hijo, para que no se enoje, y perezcáis en el camino; pues se inflama de pronto su ira. Bienaventurados todos los que en él confían* (Salmo 2).

Dios es el Señor de la historia y, como tal, puede dirigirla hacia cualquier lado que Él desee. Cuando David pregunta: *"Si fueren destruidos los fundamentos, ¿qué ha de hacer el justo?"* (Salmos 11:3), los justos responden: "Podemos orar y cambiar la historia". Recordemos: la historia pertenece a los intercesores. Una de las grandes verdades de la Biblia es que Dios puede alterar la historia y las circunstancias humanas y, de hecho, lo hace en respuesta a las oraciones de su pueblo.

La historia humana está gobernada por dos cosas: la Palabra de Dios, hablada por Él y declarada por sus profetas, y la intercesión de sus guerreros de oración. Cada palabra que Dios pronuncia es cierta; cada profecía y promesa serán completa y totalmente cumplidas. Cuando los fundamentos son destruidos, los justos pueden clamar al Señor, llamando al cielo a la Tierra. Clame ahora mismo: *"Venga tu reino. Hágase tu voluntad, como en el cielo, así también en la tierra"* (Mateo 6:10).

LA BATALLA POR LA CULTURA

Se está librando una guerra por el alma de las naciones. Los humanistas y los naturalistas dice que no hay Dios, y que todo lo que existe llegó a ser por casualidad. Si no hay absolutos, todo en el universo es fatalista. Esto es lo que se les enseña a los niños y jóvenes en las escuelas. Si esto es cierto, si el universo se rige por la selección al azar, no hay diseño, ni orden, ni patrón ni base para la ley, o el gobierno, o la moralidad. Si las fuerzas del azar son las que rigen, entonces no hay base ni siquiera para descubrir y describir las "leyes" de la física, la biología ni cualquier otra disciplina. En un universo al azar, nada puede saberse con seguridad.

Una de las tareas más desafiantes para la Iglesia del siglo XXI es contrarrestar esta filosofía humanista enseñando "historia providencial". La historia providencial no se concentra en la calidad azarosa de la naturaleza, sino en un diseño inteligente y creativo. Dios creó todas las cosas; por lo tanto, todo, desde la naturaleza hasta el arte o la política, tiene diseño y orden. Las huellas de Dios están por todas partes. Dios actúa en las vidas de las personas, lo reconozcan ellas o no. Él tiene un diseño y un propósito específico para toda persona y quiere que todos lleguen a conocerlo.

Dios tiene, también, un diseño y un propósito para cada nación. Él hizo que cada nación surgiera por una razón divina. Las leyes de nuestra nación estuvieron fundadas en los Diez Mandamientos, con valores judeocristianos que son las piedras fundamentales y la fuerza moral sobre la cual se basó nuestra cultura y nuestra sociedad. De esta tierra han salido misioneros a todo el mundo. ¡Y lo mejor está por venir!

Pero el humanismo y el racionalismo les están robando a los jóvenes su herencia divina, haciéndolos ciegos a la verdad de donde vienen. Si los jóvenes no saben quiénes son o de dónde vienen, ¿cómo pueden saber adónde van? Se convierten en ciegos guías de otros ciegos, y todos caen en el pozo. Los niños y los jóvenes deben aprender que no son accidentes de la naturaleza, sino que están vivos por designio deliberado de un Creador benéfico y amoroso que los ha dotado de un propósito santo. Ese propósito se realiza en Cristo, que ha llamado y comisionado a su pueblo para que vaya y haga discípulos en todas las naciones (ver Mateo 28:19a).

Durante muchos años, la Iglesia, particularmente la evangélica, tuvo la tendencia a dividir la vida en dos compartimientos separados: el sagrado y el secular. A los ojos de muchos, lo secular ha sido considerado imposible de redimir y fuera del alcance de la Iglesia. Como consecuencia, la Iglesia, hasta hace pocos años, se ha concentrado únicamente en lo "espiritual" y ha prestado poca atención a la reforma de la cultura. Esta división entre sagrado y secular es una falsa dicotomía, totalmente ajena a las Escrituras. Toda la vida es sagrada, porque toda la vida está bajo la administración de Dios, que es el Señor de la historia.

Las oraciones de los justos pueden alterar la historia y, de hecho, lo hacen. La sociedad y la cultura pueden ser redimidas. ¡Deben ser redimidas! ¿Merece menos Jesucristo? Para hacerlo, es necesario que el pueblo de Dios participe activamente en su cultura en lugar de separarse de ella. Siempre se necesitan pastores, predicadores, ministros y misioneros, pero ellos solos no son suficientes. Necesitamos actores, autores y artistas cristianos que tengan el poder del Espíritu Santo; filósofos, educadores y legisladores entregados por completo a Cristo; médicos, abogados e ingenieros que tengan la compasión de Cristo; obreros, ejecutivos y trabajadores que sean cristianos fieles. La forma de redimir la cultura es transformarla desde adentro, no condenarla desde afuera. ¡Es hora de ser sal y luz en el mundo cotidiano!

UN SUAVE DESPERTAR

Dios no quiere hacer caer el juicio sobre las naciones; prefiere derramar sobre ellas su gracia y su misericordia. *"Vivo yo, dice Jehová el Señor, que no quiero la muerte del impío, sino que se vuelva el impío de su camino, y que viva. Volveos, volveos de vuestros malos caminos"* (Ezequiel 33:11a). Con este fin, ya está trabajando en la Tierra. Cristo está despertando a su pueblo, llevándolo a nuevas dimensiones de comprensión y llamándolo a niveles de compromiso más profundos.

Durante los últimos veinte años, aproximadamente, el Señor ha estado atrayendo a su Iglesia por medio de un suave despertar, una serie de suaves besos que ha dado a la Esposa de Cristo. Muchos han entrado en el "río de su presencia" y han comenzado un tiempo de renovación en el que el amor de Cristo, como una suave manta, los ha envuelto. Han aprendido nuevamente a reír y han redescubierto la verdad de que el gozo del Señor es su fuerza. Este suave despertar, tan necesitado por el cuerpo de Cristo, en realidad, solo ha comenzado. Tenemos una palabra para usted: "¡Entre al río y quédese allí!" Pero esto solo es el preludio y la preparación del brusco despertar que seguirá, que irá creciendo hasta convertirse en un enorme despertar global, quizá el más grande de toda la historia.

En 1982, Mike Bickle, que en ese momento era un joven líder de oración de la iglesia estadounidense de viaje por El Cairo, tuvo un encuentro con Dios en su cuarto de hotel. Sintió que el Espíritu del Señor le decía: "Voy a cambiar la forma de entender y expresar el cristianismo en toda la Tierra en una generación". Cualquier palabra como esta, tan subjetiva, no puede ser aceptada simplemente por haber sido escuchada, sino que debe ser probada y confirmada. En los veinte años transcurridos desde entonces, han sucedido en el cuerpo de Cristo en todo el mundo muchas cosas que parecen confirmar la palabra que Mike recibió.

1. Se ha producido un movimiento de oración verdaderamente mundial sin precedentes en la historia de la Iglesia. Solo pensemos en los millones de personas que se reúnen en Nigeria para combatir las tinieblas encendiendo luces de amor violento por medio de potentes vigilias de oración.

2. En todo el mundo, hoy, más que nunca antes en la historia, hay

más cristianos que se han comprometido a ayunar y orar por el avivamiento con regularidad. Está surgiendo el ayuno por el Esposo y la unción de los nuevos nazareos.

3. Ha habido un notable aumento en la cantidad de cristianos de todo el mundo dentro del segmento pentecostal/carismático/de la tercera ola; según algunas estimaciones, hoy pueden llegar a conformar desde una cuarta parte hasta una tercera parte de todos los creyentes del mundo.

4. El movimiento de las iglesias de células, que hace veinte años era prácticamente desconocido, ha crecido astronómicamente, sobre todo, en los países no occidentales. La iglesia de mayor crecimiento del mundo, en Bogotá, Colombia, con más de 100 000 miembros y 23 000 células, así como la iglesia más grande de la historia, en Seúl, Corea del Sur, que tiene más de 700 000 miembros, son iglesias de células.

5. Están sucediendo muchas cosas con respecto de los judíos y la nación de Israel. En un hecho sin precedentes, más de un millón de judíos de habla rusa viven ahora en Israel después de emigrar desde el Norte. Hoy hay más judíos que se convierten a Cristo que nunca antes. Aunque aún es un número insignificante, el aumento es notable. Ha surgido en Israel un movimiento mesiánico local que ahora cuenta con más de cuarenta congregaciones. Las congregaciones judías mesiánicas se han multiplicado significativamente en otros países, también; la congregación más grande se encuentra en Ucrania y cuenta con más de mil personas.

6. Durante un ayuno realizado en 1983 en el que participó Jim Goll, se recibió una profecía de que, en diez años, Dios comenzaría algo nuevo en la Tierra. Se iba a representar en la Iglesia una parábola: la historia de José en la cárcel con el panadero y el copero (ver Génesis 40). Tanto el panadero como el copero habían provocado la ira del rey. Finalmente, el panadero fue ejecutado, pero el copero fue restituido a su puesto. En la profecía, el panadero representaba la levadura de la hipocresía en la Iglesia, mientras que el copero representaba el vino nuevo del Espíritu. Al final de los diez años, serían liberados pequeños "coperos" que servirían el vino nuevo en presencia del rey. En verdad, se liberó un "vino nuevo": un movimiento de oración,

una nueva sensibilidad sobre los temas de reconciliación, la intercesión identificatoria y la confesión de los pecados generacionales. El "nuevo vino" fue servido en Toronto, Pensacola, Pasadena y otros lugares, mientras el Señor derramaba –y continúa derramando– su Espíritu Santo.

Todo esto es parte del "suave despertar" del Señor. Es la bondad de Dios, que atrae y llama a un pueblo que ha olvidado sus pautas. Cristo quiere restaurar un movimiento nuevo de santidad a su pueblo. Está tratando de captar su atención antes que sean necesarias medidas más duras.

UN DESPERTAR VIOLENTO

Siempre que quiere corregir a su pueblo, Dios comienza con un movimiento suave. Si eso no funciona, incrementa la presión y la intensidad. Algunas veces, Él debe captar su atención con una sacudida o un despertar violento. Estados Unidos es un ejemplo de una nación que está cerca de esto. Algunos dicen que, desde septiembre de 2001, ya han cruzado esa línea. El suave despertar de los últimos años se está convirtiendo en un despertar más fuerte y más duro. Esto no es, necesariamente, algo malo. Cada acción de Dios hacia la humanidad es de naturaleza redentora, nunca punitiva. Con todo lo que hace, Dios trata de atraer a las personas a sí mismo. Algunas veces, la única forma de atraerlas es por medios incómodos o bruscos. Pero aun esto es redentor, porque enseña a los hombres acerca de Dios y de sus caminos. "Con mi alma te he deseado en la noche, y en tanto que me dure el espíritu dentro de mí, madrugaré a buscarte; *porque luego que hay juicios tuyos en la tierra, los moradores del mundo aprenden justicia*" (Isaías 26:9).

El profeta Amós describe la imagen de Dios lanzando la plomada en medio de su pueblo para medir su obediencia.

> *Me enseñó así: He aquí el Señor estaba sobre un muro hecho a plomo, y en su mano una plomada de albañil. Jehová entonces me dijo: ¿Qué ves, Amós? Y dije: Una plomada de albañil. Y el Señor dijo: He aquí, yo pongo plomada de albañil en medio de*

mi pueblo Israel; no lo toleraré más. Los lugares altos de Isaac serán destruidos, y los santuarios de Israel serán asolados, y me levantaré con espada sobre la casa de Jeroboam (Amós 7:7-9).

En estos versículos, la plomada representa la verdadera e infalible Palabra de Dios y su medida absoluta para la justicia. Él estaba probando si las vidas de los israelitas y su comportamiento estaban en "línea recta", si eran derechas según la plomada. Pero no lo eran. Los pecados y la desobediencia de Israel habían llegado a un punto donde se necesitaba juicio para dar corrección.

Actualmente, la situación mundial es similar. A poco de entrar en el nuevo milenio, el Señor ha lanzado la plomada en medio de su gente para discernir si lo que se ha construido, no solo en la Iglesia, sino también en las instituciones sociales y gubernamentales, está alineado con sus pautas. Esto es el preludio de un despertar violento y de un "ajuste quiropráctico" drástico en las naciones del mundo, como preparación para un gran avivamiento mundial que está por venir.

Parte de este despertar violento bien podría implicar a los judíos y a la nación moderna de Israel. Hace unos años, en Yom Kippur, el día del perdón judío, Jim Goll tuvo un sueño, en el que se le entregaba una caja de madera tallada muy ornamentada que parecía una cajita musical. Cuando puso la llave en la cerradura, la cajita se abrió, y Jim vio que dentro de ella había un Libro de Daniel. El Espíritu Santo le habló y le dijo que Él iba a hacer que comprendiera las profecías de Daniel. Mientras Jim esperaba en el Señor, el Espíritu le habló de Daniel 3:12-13:

"Hay unos varones judíos, los cuales pusiste sobre los negocios de la provincia de Babilonia: Sadrac, Mesac y Abed-nego; estos varones, oh rey, no te han respetado; no adoran tus dioses, ni adoran la estatua de oro que has levantado. Entonces Nabucodonosor dijo con ira y con enojo que trajesen a Sadrac, Mesac y Abed-nego. Al instante fueron traídos estos varones delante del rey".

Jim relata:

La interpretación que sentí que el Espíritu me daba sobre estos versículos estaba fuera del enfoque común de interpretar las Escrituras dentro del contexto histórico. Esto me vino en un sueño y fue, más que nada, como una revelación profética. Creo que ahora estamos en un tiempo de transición con respecto del pueblo judío, por el que siento un profundo amor. Sentí que el Espíritu Santo me decía que estamos entrando en otro tiempo histórico en que la ira y el enojo de los Nabucodonosores de nuestra época, una vez más –por un breve tiempo– se desatarán sobre el pueblo judío. Esto ha sucedido muchas veces a lo largo de la historia, y la última, la peor de ellas fue hace apenas sesenta años, con los horrores del Tercer Reich. No me gusta decir esto, y es difícil de explicar, pero estoy convencido de que nos esperan tiempos peligrosos, no solo para los judíos, sino para todas las personas en todas las naciones. Al mismo tiempo, me alienta la seguridad de que estos días peligrosos serán una oportunidad sin precedentes para que el Cuerpo de Cristo proclame el evangelio con gran poder y autoridad.

Dado que esta es una palabra subjetiva, debe ser probada y confirmada. El tiempo dirá si he escuchado correctamente al Señor.

Ha venido un suave despertar, tanto para la Iglesia como para el pueblo judío, pero ya llega la próxima etapa. Va a venir un despertar violento para las naciones, para la Iglesia y para el pueblo judío, ya que cuando ellos estén totalmente establecidos en su tierra ancestral, el Señor les dará un corazón nuevo, un corazón de carne. El viejo y duro corazón de piedra e incredulidad será quitado, y se quitarán los velos de los ojos, y ellos proclamarán: "¡Yeshúa, Jesús, tú eres el Mesías!" Entonces se cumplirá la promesa de Romanos 11:

> *Porque no quiero, hermanos, que ignoréis este misterio, para que no seáis arrogantes en cuanto a vosotros mismos: que ha acontecido a Israel endurecimiento en parte, hasta que haya entrado la plenitud de los gentiles; y luego todo Israel será salvo, como está escrito: Vendrá de Sion el Libertador, que apartará de Jacob la impiedad. Y este será mi pacto con ellos, cuando yo quite sus pecados* (Romanos 11:25-27).

Cuando esto suceda, será "vida de entre los muertos" para el mundo

(Romanos 11:15). Será el comienzo de un gran despertar, el mayor de toda la historia, y preparará el escenario para el regreso de Cristo.

UN GRAN DESPERTAR

*E*l séptimo capítulo de Daniel registra una notable visión que el profeta recibió del Señor en relación con los últimos tiempos. En su sueño, Daniel vio que *"los cuatro vientos del cielo combatían en el gran mar"* (Daniel 7:2b). Cuatro grandes bestias salieron del mar. La primera era un león con alas como de águila. Sus alas fueron arrancadas, y se puso de pie como un hombre, y le fue dado corazón de hombre. Después vino un oso que comía carne. La tercera bestia parecía un leopardo con cuatro cabezas y cuatro alas. Finalmente, vino una cuarta bestia, *"espantosa y terrible y en gran manera fuerte, la cual tenía unos dientes grandes de hierro"* (Daniel 7:7b). También tenía diez cuernos. Mientras Daniel miraba, salió un cuerno más pequeño que creció y reemplazó a tres de los otros, que fueron arrancados de raíz. Este cuerno *"tenía ojos como de hombre, y una boca que hablaba grandes cosas"* (Daniel 7:8c).

Tradicionalmente, se interpreta que estas cuatro bestias representan a cuatro reinos: el Imperio Babilónico, el Imperio Persa, el Imperio Griego y el Imperio Romano. Muchos cristianos, hoy, mirándolo con un lente profético, ven que la cuarta bestia también representa a un "revivido" Imperio Romano de los últimos días, en el que los diez cuernos representan a las diez naciones que lo constituyen. Según esta interpretación, el cuerno pequeño con ojos de hombre que hablaba con jactancia es una referencia al Anticristo. Daniel vio que este cuerno *"hacía guerra contra los santos, y los vencía"* (Daniel 7:21b) y lo identificó con un rey que *"hablará palabras contra el Altísimo, y a los santos del Altísimo quebrantará"* (Daniel 7:25a).

El asunto, aquí, no es apoyar alguna posible interpretación de los tiempos finales, sino reconocer una limitación común a muchos maestros de la Biblia, particularmente los profetas: llegan hasta aquí, y aquí se quedan. Desarrollan lo que podríamos llamar "la fijación de la revelación". Ven este desfile de bestias aterradoras y llegan a la conclusión de que el mal continuará y proliferará hasta el final. Aunque esto, muy probablemente, sea cierto, concentrarse en el crecimiento del mal puede llevar a una perspectiva muy limitada y pesimista sobre el futuro.

El mal es muy real en el mundo y se vuelve peor cada segundo. Aunque el capítulo final de la historia aún no se ha escrito en la Tierra, Dios nos ha permitido, por medio de su Palabra, echar un vistazo a las últimas páginas. Adivine qué: ¡ganan los buenos! No tiene sentido dejar de leer a la mitad de la historia, cerrar el libro justo después que el maldito villano ató a la damisela y la arrojó sobre los rieles del ferrocarril, diciendo: "¡Se acabó; ella está muerta!" Continúe hasta el final y verá cómo el héroe la rescata.

Daniel admite que esta visión lo había aterrado y alarmado, pero no pudo quitar la mirada de ella. Tenía que seguir mirando para ver cómo se resolvía todo. A lo largo de su capítulo, siempre repite: *"Miré..."*. Daniel vio el león con alas de águila y siguió mirando. Vio el oso que comía carne y siguió mirando. Vio el leopardo con cuatro cabezas y cuatro alas y siguió mirando. Vio la horrible bestia de los diez cuernos y dientes de hierro y siguió mirando. Daniel continuó mirando hasta que llegó al clímax, el gran final de esta gran historia que se desarrollaba delante de sus ojos:

> *Estuve mirando hasta que fueron puestos tronos, y se sentó un Anciano de días, cuyo vestido era blanco como la nieve, y el pelo de su cabeza como lana limpia; su trono llama de fuego, y las ruedas del mismo, fuego ardiente. Un río de fuego procedía y salía de delante de él; millares de millares le servían, y millones de millones asistían delante de él; el Juez se sentó, y los libros fueron abiertos. Yo entonces miraba a causa del sonido de las grandes palabras que hablaba el cuerno; miraba hasta que mataron a la bestia, y su cuerpo fue destrozado y entregado para ser quemado en el fuego. Habían también quitado a las otras bestias su dominio, pero les había sido prolongada la vida hasta cierto tiempo. Miraba yo en la visión de la noche, y he aquí con las nubes del cielo venía uno como un hijo de hombre, que vino hasta el Anciano de días, y le hicieron acercarse delante de él. Y le fue dado dominio, gloria y reino, para que todos los pueblos, naciones y lenguas le sirvieran; su dominio es dominio eterno, que nunca pasará, y su reino uno que no será destruido* (Daniel 7:9-14).

El suave despertar ya se está produciendo; el despertar violento ya oscurece el horizonte. Pero no se detenga aquí, porque la historia no termina aún. Después del despertar violento está el despertar más grande, el preludio al clímax de todos los tiempos, el regreso de Cristo para recibir su reino. Por todas partes hay maldad y calamidades. Esto es solo el deterioro natural de una sociedad y un mundo que se han torcido, han negado a Dios y se han apartado de Él. Nadie en la Tierra puede, aún, ver la imagen completa. Hasta la visión profética está velada hasta cierto punto. Pablo escribió: *"Porque en parte conocemos, y en parte profetizamos; mas cuando venga lo perfecto, entonces lo que es en parte se acabará"* (1 Corintios 13:9-10). Continúe mirando y continúe orando. No tema al despertar violento, porque más allá de él hay algo mucho más grande e importante. "¡Mírame!", dice el Señor.

CAPTAR LA VISIÓN

La Palabra de Dios gobierna la Tierra y los asuntos de los hombres. A diferencia de los seres humanos, Dios nunca habla solo para escuchar su voz. Cuando Dios habla –y habla todo el tiempo– habla con propósito. Cuando Dios se propone hacer algo en el mundo, habla a su pueblo, llamándolo a preparar el camino. *"Porque no hará nada Jehová el Señor, sin que revele su secreto a sus siervos los profetas"* (Amós 3:7). Cuando Dios estuvo listo para establecer una nación a través de la cual vendría el Salvador, le habló a Abraham y le dio un hijo en su vejez. Cuando estuvo listo para librar a esa nación de la esclavitud en Egipto, le habló a Moisés. Cuando estuvo listo para llamar a su pueblo a que se volviera del pecado y la idolatría, les habló a Elías, Isaías, Jeremías y otros profetas. Cuando Dios estuvo listo para enviar a su Hijo al mundo, les habló a María y a José.

Hoy Dios se mueve con poder en el mundo y convoca a su pueblo para que se una a Él en lo que está haciendo. Él llama a los Anás del templo y a los Juanes Bautistas para preparar el camino. Él es el Señor de la historia y busca profetas que declaren su Palabra e intercesores que den a luz esa palabra por medio de la oración vencedora y la lleven a la práctica. Eso es lo que verdaderamente gobierna las naciones.

En toda la Tierra, creyentes jóvenes y viejos se reúnen en respuesta a su llamado. Se comprometen a vivir en un abandono total a Cristo: nazareos modernos, que viven solamente para sus santos propósitos. Se levantan como los Elías, los Eliseos y los Jehúes de los últimos tiempos y declaran "tolerancia cero" para la corrupción de Jezabel que ha infectado tan profundamente a la sociedad. Siguen el "mandato de Ester", y desean defender firmemente la verdad y la justicia sin importar el costo que deban pagar personalmente.

Miles de personas se dedican a orar y ayunar por el avivamiento, y para que las naciones se vuelvan a Dios. El Señor ha levantado movimientos de oración y renovación como los Cumplidores de Promesas, El Llamado, la Red de Oración Estratégica y tantos otros, y muchos responden. Nada de esto sucedería a menos que Dios se estuviera preparando para un movimiento importante. Él puede dar vuelta las naciones y el mundo. Él quiere hacerlo y ha invitado a su pueblo a unirse a la tarea. ¡Qué responsabilidad, pero, oh, qué privilegio!

Muchos creyentes de todo el mundo están captando la visión de que sus naciones pueden cambiar, y puede llegar un gran avivamiento. Responden a la necesidad, aun a la urgencia, de vivir vidas de santidad y obediencia sin concesiones a Cristo, y ayuno y oración persistentes. Estas son las cosas que siempre han movido la mano de Dios. Cuando Dios convocó a ayunos colectivos en el Antiguo Testamento, siempre, algo cambió en los cielos. El mismo principio se aplica en la actualidad. El llamado de esta hora es a la santidad y la humildad, a la oración y el ayuno, y a buscar el rostro de Dios. Está en juego el destino de las naciones. Está en juego el futuro del mundo.

> *Si yo cerrare los cielos para que no haya lluvia, y si mandare a la langosta que consuma la tierra, o si enviare pestilencia a mi pueblo; si se humillare mi pueblo, sobre el cual mi nombre es invocado, y oraren, y buscaren mi rostro, y se convirtieren de sus malos caminos; entonces yo oiré desde los cielos, y perdonaré sus pecados, y sanaré su tierra* (2 Crónicas 7:13-14).

¡Oh, Señor, avívanos otra vez!

CAPÍTULO 10

El llamado a la oración y el ayuno

Mientras nuestras naciones oscilan entre la misericordia y el juicio, es hora de que la Iglesia "se tome el pulso" y determine cuál es el verdadero estado de su corazón. Es necesaria una confesión directa y un arrepentimiento genuino, ya que gran parte de la responsabilidad por la corrupción moral y espiritual de la nación recae directamente sobre la Iglesia. Durante muchos años, los cristianos evangélicos y carismáticos han ignorado, prácticamente, cualquier compromiso social, cultural o cívico por considerarlos insignificantes comparados con la tarea de ganar almas. Al mismo tiempo, la "iglesia del evangelio social" ha satisfecho las necesidades de los pobres pero, muchas veces, ha negado el auténtico poder del evangelio para liberar y transformar las vidas. Como consecuencia, muchos no creyentes, hoy, consideran que la Iglesia es irrelevante y está totalmente fuera de contacto con la realidad.

¿Es relevante la Iglesia en la sociedad moderna? ¿Ha perdido el sabor la que debe ser "la sal de la Tierra"? ¿Se ha escondido la lámpara de la "luz del mundo" debajo de un almud? ¿Están María y Marta tan separadas que jamás podrán reunir para servir juntas en forma efectiva?

Durante las últimas décadas, la Iglesia se mantuvo, en su mayor parte, en silencio, mientras el legado del temor de Dios en las naciones iba siendo arrancado por medio de leyes y decisiones judiciales. Casi sin lucha, el pueblo de Dios entregó el terreno a los enemigos de la verdad, y rindió principios y valores bíblicos ante las fuerzas del humanismo y el racionalismo, que niegan a Dios. El enemigo sembró cizaña en el campo mientras la Iglesia dormía. La Iglesia jugueteaba mientras Roma se incendiaba.

Jesús definió el equilibrio adecuado entre Iglesia y Estado cuando dijo: *"Dad a César lo que es de César, y a Dios lo que es de Dios"* (Marcos 12:17). Gran parte del problema de nuestros países surge del hecho de que la Iglesia ha entregado al César cosas que nunca fueron de él, por empezar, y que ha cedido prerrogativas que Dios nunca le dio al Estado. Dios nunca le dio al Estado jurisdicción sobre la oración en público ni la autoridad para regular las expresiones personales de fe. Nunca le asignó al Estado el derecho de definir los parámetros o el valor relativo de la vida humana, nacida o no. Dios nunca relegó al Estado la prerrogativa de redefinir la familia o rescribir las pautas morales según el deseo personal, de manera que prácticamente cualquier cosa sea "aceptable". Dios nunca entregó estas cosas al César; pero la Iglesia, sí. Nosotros, la Iglesia de Jesucristo que fue comprada con su sangre, le entregamos todo esto con nuestra falta de atención y nuestra negligencia.

A principio de la década de 1960, cuando el asunto de la oración en las escuelas estaba siendo decidido en las cortes de Estados Unidos, la respuesta de las iglesias, en general, salvo por unas pocas voces osadas —y aisladas— fue un atronador silencio. Después que Engle vs. Vitale, el fallo que tuvo como consecuencia esta decisión, se convirtió en ley en 1962, Lou se enteró de que un reconocido líder eclesiástico conocido en todo el país dijo: "Ahora, legalmente, no podemos orar en las escuelas. Debemos ser obedientes".

¿Tenía razón? Veamos algunos de los frutos de su obediencia. Aumentaron los delitos. También aumentaron los suicidios y los embarazos de adolescentes, así como las enfermedades de transmisión sexual. La filosofía humanista ganó el control de la educación pública. El comportamiento moral cayó en picada. Sin el ancla de los valores bíblicos tradicionales y la fe en Dios, una innumerable cantidad de estadounidenses se perdieron en manos de las religiones orientales y la filosofía de la Nueva Era.

¿Qué hubiera sucedido si los cristianos estadounidenses se hubiera levantado con la osadía del Espíritu Santo para oponerse a ese fallo judicial? ¿En qué habría cambiado la historia si los estudiantes cristianos se hubieran reunido de a miles en reuniones de oración en las escuelas de todo el país? Como Daniel, muchos habrían sido arrojados al foso de los leones. Hay un foso de leones para cada intercesor. Pero, si lo hubieran hecho, quizá las oraciones por el avivamiento en las escuelas hubieran sido contestadas, como lo fueron las de Daniel.

Los cristianos tienen la responsabilidad bíblica de ser buenos ciudadanos y respetar la autoridad legítima del Estado, mientras el Estado no requiera que actúen de forma contraria a las leyes y a la voluntad de Dios. No estamos tratando de incitar a un espíritu rebelde e independiente. El asunto principal aquí no es la "desobediencia civil", sino la "obediencia bíblica".

Algunas veces es necesario que el pueblo de Dios se levante frente al Estado y diga: "¡Basta! Esto está mal, porque va contra las leyes de Dios". Este es el momento. Dios nunca ha abdicado de su trono. Él quiere restaurar en los corazones de su pueblo un espíritu de santa, humilde, respetuosa, pero firme resistencia a las acciones no bíblicas e "ilegales" del Estado. En estos días, el Señor está llamando a su Iglesia a una oleada masiva de oración y ayuno para cambiar la historia y romper las fortalezas de los poderes demoníacos sobre la Tierra. La respuesta para los problemas de la sociedad actual es que el Cuerpo de Cristo se entregue a un tiempo prolongado de oración y ayuno, y se decida a no volver a entregar al sector público las cosas que deben ser determinadas por un Tribunal Superior y por el Supremo Juez de todo el universo.

CAMBIEMOS LA ATMÓSFERA DE NUESTRO PAÍS POR MEDIO DE LA ORACIÓN

Retirarnos de la sociedad no es la manera de cambiar la historia. El desafío para todos los creyentes y seguidores de Cristo es permanecer activamente involucrados en la cultura, transformándola desde adentro. Pedro, Jacobo y Juan no pudieron permanecer en el monte de la transfiguración con Jesús; tuvieron que regresar al valle de las necesidades humanas y los sufrimientos. Quizá la inspiración nos llegue en la montaña, pero el trabajo hay que hacerlo en el valle. María y Marta pueden unirse...; ¡deben unirse!

Parte de esa obra es orar fielmente por la nación, su pueblo y sus líderes. Pablo le escribió a Timoteo:

> *Exhorto ante todo, a que se hagan rogativas, oraciones, peticiones y acciones de gracias, por todos los hombres; por los reyes y por todos los que están en eminencia, para que vivamos quieta y reposadamente en toda piedad y honestidad. Porque esto es bueno y agradable delante de Dios nuestro Salvador, el cual quiere que todos los hombres sean salvos y vengan al conocimiento de la verdad* (1 Timoteo 2:1-4).

Intente imaginar qué sucedería si la Iglesia de cualquier país, como un todo, comenzara a orar en serio por los líderes de la nación en lugar de criticarlos tanto. Esta oración podría cambiar completamente el ambiente del país y produciría un ambiente espiritual que podría conducir a la predicación del evangelio y la respuesta a este. La oración podría establecer un ambiente cómodo en el que muchos serían salvos y llegarían al conocimiento de la verdad, y en el cual podrían vivir *"quieta y reposadamente en toda piedad y honestidad"*. A las fuerzas malignas que están trabajando en la Tierra no les preocupan en lo más mínimo la piedad y la honestidad, y lo último que desean es que las personas conozcan la verdad y sean salvas. ¿Qué le parece esto? ¡Ayunemos de críticas y démonos un banquete de oración!

Ahora, el Señor nos tiene en una encrucijada, y depende del cuerpo de Cristo cambiar el destino por medio del ayuno y la oración para cambiar la corriente en las naciones, de juicio a bendición. Únase a nosotros y a las voces de otros para orar a Dios para que Él levante líderes que lo amen en las escuelas, maestros cuya influencia cristiana prevalezca por sobre la tendencia humanista de la filosofía de educación moderna. Ore por legisladores y juristas que redacten y hagan cumplir leyes que honren a Dios y sean conformes a las pautas de su Palabra. Ore para que pastores y otros líderes de las iglesias tengan la valentía para hablar sobre política, aborto y otros temas controversiales desde una perspectiva sólidamente bíblica y sin concesiones. Dios nunca ha entregado el manejo de los temas políticos o sociales al diablo, y la Iglesia tampoco debe hacerlo.

Aun cuando estemos luchando contra el terrorismo internacional, hay una guerra aún mucho mayor por librarse dentro de nuestra misma Tierra. Es una especie de nueva guerra civil, una guerra por las mentes y los espíritus de los jóvenes, y los hijos e hijas de la generación más nueva podrían perderse de a miles, a menos que Dios se mueva para causar un avivamiento masivo que cambie sus corazones. Está surgiendo otro "Movimiento de Jesús". Los jóvenes se dejarán llevar por la pasión, ya sea pasión por Jezabel o pasión por Jesús. ¡Que el poderoso ejército del Señor se levante y avance con oración y ayuno! Que los padres y madres espirituales intercedan para que Dios dé una "doble porción" de su unción a sus hijos e hijas que no sucumbirán ante la seducción de Jezabel, sino que se pararán en la brecha, revestidos de la justicia de Cristo, ardiendo con el fuego purificador de la santidad.

El Señor está listo para derramar su Espíritu por toda la Tierra y provocar un violento despertar espiritual en todas partes. Él tiene celo, no solo por los corazones y el amor de su propio pueblo, sino por los corazones de los que aún no lo conocen. Jesús es el Señor, y no acepta rivales. Está listo para derribar y juzgar al espíritu de Jezabel en la Tierra y recoger una cosecha espiritual más abundante que ninguna otra en la historia. ¡Nosotros lo creemos así! ¿Lo cree usted?

Ojos ardientes de santo amor

Jesús es celoso de su pueblo. No tolerará ninguna Jezabel que lo aparte de seguirlo a Él. En tiempos en que Jezabel gobierna en la Tierra, Jesús se revela con poder y autoridad. Leamos lo que le dijo a la iglesia de Tiatira:

> *Y escribe al ángel de la iglesia en Tiatira: El Hijo de Dios, el que tiene ojos como llama de fuego, y pies semejantes al bronce bruñido, dice esto: Yo conozco tus obras, y amor, y fe, y servicio, y tu paciencia, y que tus obras postreras son más que las primeras. Pero tengo unas pocas cosas contra ti: que toleras que esa mujer Jezabel, que se dice profetisa, enseñe y seduzca a mis siervos a fornicar y a comer cosas sacrificadas a los ídolos. Y le he dado tiempo para que se arrepienta, pero no quiere arrepentirse de su fornicación. He*

153

aquí, yo la arrojo en cama, y en gran tribulación a los que con ella adulteran, si no se arrepienten de las obras de ella. Y a sus hijos heriré de muerte, y todas las iglesias sabrán que yo soy el que escudriña la mente y el corazón; y os daré a cada uno según vuestras obras. Pero a vosotros y a los demás que están en Tiatira, a cuantos no tienen esa doctrina, y no han conocido lo que ellos llaman las profundidades de Satanás, yo os digo: No os impondré otra carga; pero lo que tenéis, retenedlo hasta que yo venga. Al que venciere y guardare mis obras hasta el fin, yo le daré autoridad sobre las naciones, y las regirá con vara de hierro, y serán quebradas como vaso de alfarero; como yo también la he recibido de mi Padre; y le daré la estrella de la mañana. El que tiene oído, oiga lo que el Espíritu dice a las iglesias (Apocalipsis 2:18-29).

Cuando Jezabel se levanta para tomar el control tratando de quitar todo vestigio de herencia divina de la Tierra, Jesús se revela, no con la humildad de un bebé en un pesebre, sino con la majestad del Rey de reyes y Señor de señores. Aparece, no como el dulce maestro que monta un asno, sino como un rayo de fuego de su Padre que limpia el templo con un látigo de cuerdas.

Los ojos de Jesús son "como llama de fuego". Para sus enemigos, es el fuego del enojo, la ira y el juicio, pero, para sus hijos, es el fuego de amor santo, un amor celoso que no tolerará rivales. Él dice a su Iglesia: *"Tengo unas pocas cosas contra ti: que toleras que esa mujer Jezabel..."*. No es suficiente con comprometerse a no realizar actos externos de infidelidad o desobediencia. Los ojos de fuego del Señor atraviesan los corazones y las mentes, buscan en lo profundo cualquier señal de tolerancia interna.

La revolución de Elías llama a los creyentes de toda generación a arder en sus corazones con el fuego santo del Señor. Padres y madres, hijos e hijas levantan el clamor revolucionario: "¡Tolerancia cero!" El día de la decisión está cerca: despertar y avivamiento, o juicio y destrucción. Todos están en manos de Dios, pero el pueblo de Dios puede mover su mano por medio de la oración y el ayuno. Recuerde: la historia es de los intercesores.

No hay límite de edad

Hubo un momento en que la Iglesia, en general, consideraba a los preadolescentes y adolescentes como "cristianos en espera"; seguidores de Jesús que, de todos modos, no estaban aún "listos" para cumplir ningún rol significativo en la obra del reino de Dios. No eran suficientemente "grandes" como para hacer alguna contribución real o para que el Señor los usara en forma específica. Gracias a Dios, porque esa actitud está cambiando en muchos lugares.

No hay límites de edad para ser usados por Dios. En realidad, si usted es realmente nacido de nuevo y lleno del Espíritu Santo, debe saber que no existe el "Espíritu Santo bebé". ¡Si usted lo recibió, lo recibió! No hay "banco de suplentes" en la Iglesia; todos los creyentes deben ir al campo de juego. El llamado a seguir a Cristo es, inmediatamente, un llamado a la guerra. La edad no es problema para Dios; tampoco lo es la apariencia externa. Si estas características fueran importantes, ¿habría elegido Dios a David –el más joven y pequeño de la familia– para ser el rey de Israel? ¿Habría elegido a Ester para ser reina o a María para ser la madre de su hijo? Ambas mujeres eran, probablemente, adolescentes cuando representaron su papel en el plan de Dios. Dios no hubiera elegido al tartamudo Moisés ni a niños como Jeremías y Timoteo. No hubiera prestado atención a una anciana viuda como Ana, tampoco.

Dios mira el corazón. Él puede usar a cualquier creyente de cualquier edad o condición física. Lo único necesario es un espíritu sumiso y dispuesto, y un corazón que arda de pasión por Jesús. Solo diga: "¡Aquí estoy, úsame a mí!"

Hace un tiempo, el hijo de Lou, Jesse, que tiene once años, tuvo un sueño que ilustra esta verdad. En su sueño, Jesse vio un grupo de personas que luchaban contra las bandas y la violencia. Él quería ser parte de ese grupo, así que fue a ver al líder y le preguntó: "¿Cuántos años hay que tener para ser parte del grupo?" Este le contestó: "Bueno, las reglas han cambiado. Antes, había que tener 21 años, pero ahora, hay que tener 12". Este sueño era una invitación a la siguiente generación a participar de los asuntos de su Padre desde una edad muy temprana.

A los doce años, Jesús ya se ocupaba de los asuntos de su Padre. Las reglas han cambiado. Cristo dice que desea que la generación más joven de sus seguidores se levante y se ocupe de los asuntos de su Padre, aun a la tierna edad de doce años. No hay necesidad de hacerlos esperar hasta que sean mayores. ¡Que comiencen ahora! Que oren por sus familiares, por sus amigos y por su nación. Que ayunen para ganar sus escuelas. El Señor quiere que estos jóvenes creyentes puedan participar del trabajo "en serio" para su reino.

¿Qué sucedería en la Iglesia si miles de jóvenes se comprometieran a "diezmar" su adolescencia al Señor? Los siete años que van desde los trece hasta los diecinueve años son un diezmo –la décima parte– del promedio de vida general de setenta años. ¿Qué sucedería si estos cristianos se comprometieran a entregar lo mejor de sí al Señor en estos años, diciéndole: "Me rindo por completo a ti"? Dios los usaría de maneras más allá de todo lo que ellos pudieran imaginar. Al final de ese tiempo, descubrirían que no quieren vivir nunca más de otra manera. Si vamos a ser extremos, ¡pues bien, hagámoslo!

UNA RED DE APOSENTOS ALTOS

En 1 Reyes 17:17-24, justo antes de su dramática confrontación con los profetas de Baal en el Monte Carmelo, Elías le devolvió la vida al hijo de una viuda pobre. El profeta llevó al niño al aposento alto donde él vivía, lo colocó sobre la cama, y se extendió sobre el cuerpo del niño tres veces. Y oró: *"Jehová Dios mío, te ruego que hagas volver el alma de este niño a él"* (1 Reyes 17:21b). Dios escuchó la oración de Elías y le respondió: el niño volvió a la vida.

Una experiencia similar ocurrió en la vida de Eliseo, el hijo espiritual de Elías en la siguiente generación. Una vez más, había muerto el joven hijo de una mujer viuda. La mujer había sido muy bondadosa con Eliseo, y Dios la había bendecido con un hijo. Ahora el niño estaba muerto. Cuando Eliseo entró al cuarto del niño, donde este yacía en su cama, cerró la puerta y oró a Dios: *"Después subió y se tendió sobre el niño, poniendo su boca sobre la boca de él, y sus ojos sobre sus ojos, y sus manos sobre las manos suyas; así se tendió sobre él, y el cuerpo del niño entró en calor. Volviéndose luego, se paseó por la casa a una y otra parte, y después subió, y se tendió sobre él nuevamente, y el niño estornudó siete veces, y abrió sus ojos"* (2 Reyes 4:34-35).

Parte de lo básico de la revolución de Elías es que los creyentes lleven a los niños y adolescentes "muertos" al "aposento alto" y se "tiendan" sobre ellos en oración. Para que haya esperanza de salvar a nuestros jóvenes, es necesario que haya una red de "aposentos altos". El infierno ha lanzado con tal ira su odio y su destrucción sobre esta joven generación que la oración "normal" no servirá. Los creyentes deben ir más allá de las formas comunes de actuar y extenderse en oración y ayuno por la salvación de esta generación; para "levantarla de entre los muertos", por decirlo de alguna manera. De hecho, creamos que puede realizarse un gran milagro. ¿Qué le parece que la Iglesia sea levantada de los muertos?

¿Qué sucedería si comenzaran a formarse redes de "aposentos altos" en todas las ciudades, en todas las iglesias y en todas las escuelas, donde padres e hijos se reunieran para ayunar y orar para que los jóvenes se levanten de entre los muertos y traigan el avivamiento a su nación? ¿Qué sucedería si tres generaciones se unieran en una temporada continua de oración y ayuno por el cambio y la salvación de su nación? Es por eso que incluimos una guía de oración de veintiún días al final de este libro. Esas oraciones, promesas y devocionales fueron escritas por jóvenes creyentes apasionados para que todos nos unamos para levantarlas al Señor, que responde la oración. Únase a nosotros. ¡Que continúe *El llamado*!

PUEDE SUCEDER OTRA VEZ

Ha sucedido antes. El Gran Despertar de las décadas de 1730 y 1740 proveyó la fibra moral y espiritual que permitió que los Estados Unidos fueran establecidos sobre principios y valores morales y bíblicos. En 1859, un gran avivamiento de oración sacudió muchas de las ciudades más importantes de ese país, lo cual, según muchos historiadores, constituyó el fundamento espiritual que le permitió sobrevivir a cuatro años de guerra civil.

Todo despertar y todo avivamiento han estado precedidos por un tiempo de oración y ayuno. Es un principio espiritual básico que la oración y el ayuno cambian las cosas en los cielos y cambian el destino de las naciones en la Tierra. El poder no está en el ayuno y la oración, sino en Dios, que responde al ayuno y la oración de su pueblo. ¿Recuerda lo que el Señor le dijo a Jim en la República Checa, cuando viajó para redescubrir la vigilia morava para el Señor? "¿Alguna vez pensaste en la dirección multidimensional de la oración? Recuerda: ¡todo lo que sube, baja!"[29]

¡El llamado ya ha sido lanzado! ¡Una gran revolución está en camino! El Señor está levantando una nueva generación de revolucionarios extremos como Elías, Eliseo, Jehú, Ester, Débora, y nazareos que arden de pasión por Jesús y se han comprometido a vivir total y completamente solo para Él, sea cual fuera el costo. Sus vidas se caracterizan por la santidad y por una decidida negativa a hacer concesiones al espíritu de Jezabel en la Tierra. Se extienden, como sacrificios vivos, y se ofrecen en oración y ayuno para que el pueblo cambie, y las personas sean salvas. Son la Esposa que se prepara para su Esposo, y sus corazones resuenan con el eco: "¡Ven, Señor Jesús!"

¡Es hora de que la Iglesia se ponga en pie y adopte una posición firme!

> ¡Levántate, [Iglesia] de Dios!
> Deja ya las pequeñeces;
> da tu corazón, tu mente,
> tu alma y todas tus fuerzas
> para servir al Rey de reyes.
> ¡Levántate, [Iglesia] de Dios!
> Su reino se prolonga;
> trae el día de la hermandad
> y pon fin a la noche del error.[30]

El llamado a la pasión y el sacrificio para lograr un cambio radical es lanzado. ¿Querrá usted decir: "Sí, Señor" a esta revolución de Elías y demostrarlo firmando a continuación?

_____   _____
Nombre   Fecha

Oraciones apasionadas para la revolución de Elías

A continuación, presentamos una guía de oración para veintiún días, escrita por jóvenes, para ayudar a hacer más específica nuestra intercesión. Cada día incluye una promesa bíblica, una reflexión devocional y una oración intercesora para terminar. Esta guía puede ser utilizada para actividades especiales, campañas evangelísticas en ciudades, iglesias, grupos juveniles o para su vida personal. Simplemente, aproveche esta guía de oración ¡y ore!

Promesa bíblica

> *¿No se venden dos pajarillos por un cuarto? Con todo, ni uno de ellos cae a tierra sin vuestro Padre. Pues aun vuestros cabellos están todos contados. Así que, no temáis; más valéis vosotros que muchos pajarillos* (Mateo 10:29-31).

> *Voz del que clama en el desierto: Preparad el camino del Señor; enderezad sus sendas* (Lucas 3:4).

Reflexión devocional

En todos los tiempos, quienes escribieron la historia fueron hombres comunes que soñaban con que sucedieran cosas extraordinarias. Hoy, Dios ha extendido nuevamente su llamado y ha abierto una oportunidad para que tanto jóvenes como viejos escriban el futuro. A la luz de los recientes acontecimientos mundiales, hay una generación, sin distinción de edades, que se está levantando de las cenizas para reclamar el destino divino de esta Tierra. Como dijo Benjamín Franklin hace doscientos años: "Dios gobierna los asuntos de los hombres. Y si ni siquiera puede caer un pajarillo al suelo sin que Él lo observe, ¿es posible que se levante un imperio sin su ayuda?" La única esperanza para este mundo está en Dios, pero Dios nos ha entregado una carta de invitación, por medio de Joel 2, para cambiar el curso de esta Tierra. Debemos levantarnos y ser una voz que clama en el desierto para hacer volver esta Tierra a Él. Dios busca, hoy, revolucionarios totalmente entregados a Él que sean una voz, y no solo un eco, en este período de *kairos*. Deben levantarse voces que no solo clamen a Dios, sino también a esta Tierra, para que se reviertan todos los decretos ateos y secularistas que amparan los abortos y la prohibición de orar en las escuelas. La batalla no puede ser perdida. Necesitamos creer. Si Dios puede hacerlo una vez, puede volver a hacerlo.

Oración intercesora

"Dios, hazlo otra vez en nuestra Tierra. Padre, levanta una generación de voces apasionadas totalmente entregadas a ti que sacudan esta Tierra para que vuelva a ti. Respondemos al llamado que ha sido lanzado y te pedimos que te levantes y brilles en medio de la oscuridad. Clamamos a ti con desesperación pidiéndote que levantes hombres y mujeres como Daniel en la antigüedad. Dios, si tú puedes hacerlo una vez, sin duda, puedes hacerlo otra vez."

–Brian

DÍA 2

Promesa bíblica

> *Una cosa he demandado a Jehová, ésta buscaré; que esté yo en la casa de Jehová todos los días de mi vida, para contemplar la hermosura de Jehová, y para inquirir en su templo*
> (Salmos 27:4).

Reflexión devocional

Esta palabra, "contemplar", significa fijar la mirada. Cuando contemplamos la santidad de Dios, su hermosura nos cautiva, y la belleza de este mundo comienza a desvanecerse. Algo mucho más grande capta nuestros afectos. Al contemplar su belleza, nos sentimos atraídos cada vez más cerca de Él. Su santidad no hace que nos apartemos avergonzados; fascina nuestros corazones y trasciende nuestras mentes, de modo que nuestra única respuesta es acercarnos más y más a esa belleza. Es al contemplar la belleza de su santidad que nuestro apetito por su presencia aumenta, y nuestros antiguos apetitos por las cosas de este mundo se desvanecen. Es por medio de este corazón cautivo que somos hechos santos, cuando estamos fascinados por su santidad y buscamos acercarnos aún más a su belleza. Somos hechos santos, no por nuestras obras y nuestro sacrificio, sino en la medida que los anhelos de nuestro corazón son cautivados, y todo lo que realmente ansiamos es Él.

Oración intercesora

"Señor, fascina mi corazón con la belleza de tu santidad. Permite que mi corazón contemple la verdadera belleza. Anhelo que mi mirada esté fija en ti; consagro mis ojos a ti; llénalos con el ansia de ti. Que mi vida se caracterice por la pasión de verte. Pasaré mi vida buscándote solo a ti. No hay nadie que se compare contigo."

–Bethany

DÍA 3

Promesa bíblica

Partiendo él [Elías] de allí, halló a Eliseo hijo de Safat, que araba con doce yuntas delante de sí, y él tenía la última. Y pasando Elías por delante de él, echó sobre él su manto. Entonces dejando él los bueyes, vino corriendo en pos de Elías, y dijo: Te ruego que me dejes besar a mi padre y a mi madre, y luego te seguiré. Y él le dijo: Ve, vuelve; ¿qué te he hecho yo? Y se volvió, y tomó un par de bueyes y los mató, y con el arado de los bueyes coció la carne, y la dio al pueblo para que comiesen. Después se levantó y fue tras Elías, y le servía (1 Reyes 19:19-21).

Reflexión devocional

Dios está llamando a jóvenes Eliseos a entregar un año de sus vidas a la oración y el ayuno. ¿Ha arrojado algún padre espiritual este manto sobre ti? Corre con él; oren, ayunen, viajen juntos. Caen mantos históricos: Frank Bartleman estuvo en trabajo de parto durante un año, y ardió, e hizo nacer el avivamiento de Azusa. Un año, y los resultados son geométricos; diez años de errores evitados y del comienzo de una amistad con Dios.

Oración intercesora

"Dios, siento tu ardiente llamado. ¡Digo sí! Pido la unción para orar y ayunar en el nombre de Jesús. Dios, dame el manto de mis padres, de Bartleman y de Elías. Me entrego a un tiempo en que mi corazón pueda arder sin freno. Dame un año lleno de encuentros contigo, un año de remolino que me sacuda para siempre en el nombre de Jesús."

—Abbott

DÍA 4

Promesa bíblica

Lea Daniel, capítulos 6 y 10.

Reflexión devocional

Hace miles de años, el rey de Babilonia, Darío, emitió un decreto según el cual, durante treinta días, ningún hombre podía orar, excepto a él mismo. Cualquiera que cometiera tal "delito" sería muerto. Aun así, Daniel, un profeta de la antigüedad que había sido "forjado en el vientre del aposento de oración" decidió obedecer las leyes de Dios antes que las del hombre. Daniel había desarrollado la costumbre diaria de acercarse al trono del verdadero Rey tres veces por día y se negó a permitir que una persona le dijera lo contrario. Sabía que la verdadera autoridad y el verdadero poder pertenecían al Trono de lo alto y se negó, aun enfrentando las fauces de los leones, a abandonar al único Rey verdadero. El rey Darío no pudo comprender la decisión de Daniel. El decreto había sido emitido por solo treinta días; ¿no podía Daniel abandonar su vida de oración por solo treinta días? ¡Absolutamente, no! Daniel se negó a dejar a un lado el amor trascendente de presentarse delante del Padre sin importar el costo. Finalmente, la vida coherente de oración de Daniel tuvo como resultado la libertad de la esclavitud para su pueblo y una visitación del cielo. ¡Vaya!

Daniel comprendía que había lucha en los cielos por el pueblo de Dios. Fueron necesarios veintiún días de oración efectiva antes que se produjera una liberación en su vida y en su nación. Pero él había luchado por su pueblo durante muchos años antes de ese momento, y fue la calidad de su vida lo que lo puso en alta estima.

Así fue en la época de Daniel, hace miles de años, y así es hoy. Los dioses de esta era han cerrado las puertas de la vida diaria a Dios, pero la piedad volverá a triunfar. Así como Dios colocó estratégicamente a Daniel en Babilonia, así está desarrollando nuevamente una generación de profetas que emitirán una "notificación de desalojo" a los principados y los poderes que se han quedado aquí mucho más tiempo del deseado. Pero recordemos que los profetas se forjan en el vientre del aposento de oración, y la oración se enseña con la práctica y no con la teoría. ¡Usted es valioso para Dios!

Oración intercesora

"Dios, nos unimos a las oraciones que Daniel oró por su nación hace miles de años y pedimos que hagas volver a las naciones a ti. Nos plantamos firmemente para luchar en nombre de esta nación y de nuestro mundo. Señor, haznos luchadores en este día y en esta hora."

–Brian

DÍA 5

Promesa bíblica

> *Jesús, lleno del Espíritu Santo, volvió del Jordán, y fue llevado por el Espíritu al desierto por cuarenta días, y era tentado por el diablo. Y no comió nada en aquellos días, pasados los cuales, tuvo hambre* (Lucas 4:1-2).

> *Y Jesús volvió en el poder del Espíritu a Galilea, y se difundió su fama por toda la tierra de alrededor* (Lucas 4:14).

Reflexión devocional

Jesús y Juan el Bautista tuvieron sus días en el desierto, sus momentos de apartarse con Dios. En el desierto, Juan fue refinado y preparado para influir en este mundo. (¡Oh, cómo desea Dios que usted influya en este mundo para Él!) En el desierto, Jesús agregó poder a la llenura del Espíritu Santo. El desierto es, pura y simplemente, un lugar de preparación.

Hoy, si se atreve, usted puede ser refinado. Hoy, si se atreve, puede ser preparado para ser usado por el Maestro. Hoy, si se atreve, puede agregar poder a la llenura del Espíritu Santo. ¿Cómo puede ser? ¿Cómo encontraré mi desierto? Por la misericordia de Dios, hay un desierto enviado por Dios e impuesto por uno mismo: el ayuno. Sí, es un lugar de refinamiento, de preparación, de poder. "¿Preparación para qué?", se preguntará usted. Para más de lo que usted piensa.

Sea apasionado. Sepárese de las cosas que merece. ¿Así que ha sido bueno? ¡Bien! Sea más que bueno; sea limpiado y usado por Dios.

Oración intercesora

"Dios, quiero ser refinada. Te pido que quites de mi vida las impurezas de ceder al mundo. Quema la madera muerta del egocentrismo en mi vida. Quiero llevar abundante fruto para ti. Prepárame para lo que queda por delante, aun aquello que yo no comprendo ahora. Agrega poder a mi vida para que pueda representarte bien. Quiero servir a los propósitos de Dios en mi generación."

–Kristina

Día 6

Promesa bíblica

> *De cierto os digo: Entre los que nacen de mujer no se ha levantado otro mayor que Juan el Bautista; pero el más pequeño en el reino de los cielos, mayor es que él* (Mateo 11:11).

Reflexión devocional

Usted está destinado a la grandeza. Cuando Jesús dijo estas palabras, estaba abriendo las puertas de una nueva era. Hasta ese momento no había nadie superior a Juan el Bautista. Según Jesús, Juan era uno de los hombres más grandes nacidos de mujer. Bajo la ley, la vida de Juan el Bautista no podía ser superada. Pero con la experiencia de nacer de nuevo, puede serlo. Aun el más pequeño de los que son nacidos de Dios son mayores que Juan el Bautista. Esto significa usted y yo. Juan el Bautista era "más que un profeta" y el "Elías que había de venir", pero su vida será superada por nosotros, los sin rostro y sin nombre que somos nacidos del Espíritu de Dios.

Oración intercesora

"Dios, gracias por darme grandeza a través de tu Hijo. Que mi vida refleje la grandeza que tú me has entregado."

–Cheryl

DÍA 7

Promesa bíblica

> *¿Quién subirá al monte de Jehová? ¿Y quién estará en su*
> *lugar santo? El limpio de manos y puro de corazón*
> (Salmos 24:3-4a).

Reflexión devocional

Estamos a punto de ver una demostración generalizada del poder milagroso de Dios en toda esta Tierra. Los ciegos verán, los sordos oirán, los cojos andarán, los muertos serán resucitados, y las personas serán sanadas de cáncer y SIDA. No tengo dudas de que Dios se está preparando para obrar así una vez más. La pregunta es: ¿Se consagrará el pueblo de Dios para este obrar, y estará intacta nuestra integridad?

El hecho de que una persona tenga una poderosa unción para hacer cualquiera de los milagros que hemos mencionado no significa que ande en santidad delante del Señor. En la historia de los avivamientos, algunas veces, Dios ha elegido a personas que vivían en pecado para ser conductos de su poder sanador. Pero eso no significa que esto sea lo que Él desea. Antes de cruzar el Jordán, Josué les ordenó a los israelitas que se consagraran a Dios (ver Josué 3:5). ¡Dios nos pide lo mismo a nosotros hoy!

Es hora de convertirnos en personas de carácter firme que viven a la luz de la santidad de Dios. Es hora de dejar a un lado nuestros hábitos de rodearnos de pecado e iniquidad. Es hora de que creamos que la gracia de Dios nos enseña *"que, renunciando a la impiedad y a los deseos mundanos, vivamos en este siglo sobria, justa y piadosamente"* (Tito 2:12).

Oración intercesora

"Padre celestial, te pido que me hagas una persona íntegra. Oro para que me encantes con tu amor y me liberes de las cadenas del pecado y las concesiones. ¡Gracias por salvarme y por perdonar *todos* mis pecados!"

–Billy

DÍA 8

Promesa bíblica

Convertíos, hijos rebeldes, dice Jehová, porque yo soy vuestro esposo; y os tomaré uno de cada ciudad, y dos de cada familia, y os introduciré en Sion (Jeremías 3:14).

Reflexión devocional

Estamos en un momento de la historia como el de Jeremías de la antigüedad, "el profeta llorón", que llamaba a la nación de Israel a regresar a Dios, porque lo habían olvidado. De forma muy similar a Israel, nosotros nos hemos convertido en la esposa infiel de Jehová. Una y otra vez, en todo el Antiguo Testamento, escuchamos a los profetas clamando en nombre de Dios al pueblo: "Tú me has olvidado y has seguido a otros amantes; has actuado como una ramera; pero regresa a mí, regresa a mí, porque yo soy tu Esposo".

La esencia misma del matrimonio es entregarnos completamente a una persona y guardarnos de todas las demás. Cuando vemos la palabra "amantes", esta se refiere a una persona que tiene afecto –sexual o de otra naturaleza– por otra. Nuestros afectos son aquello hacia lo cual inclinamos nuestra mente, aquello que posee nuestros pensamientos y atrae nuestra atención, lo que apasiona nuestro corazón, lo que busca desesperadamente nuestro corazón, aquello a lo que entregamos nuestros sentimientos, nuestra naturaleza sensible. Es ese cálido sentimiento en el interior de nuestro cuerpo. Esto es lo que cela el Señor: que nuestros afectos estén dedicados solamente a Él.

La palabra "ramera" hace referencia a la idolatría. Dado que Israel era considerado la esposa de Jehová, cometer idolatría era cometer adulterio espiritual. Es el celo de Dios el que arde por una esposa fiel que no lo sirva por obligación ni deber religioso; una esposa que no solo esté legalmente casada con Él, sino verdaderamente unida a Él; una esposa que haya olvidado todos los demás amores y haya consagrado su corazón solo a Él.

Oración intercesora

"Señor, consagro todos mis afectos a ti, para no arder con la lujuria de la carne, sino con el fuego de tu celo. Posee mi corazón y hazlo tuyo. Te coloco como un sello sobre mi corazón, para que tú me embeleses. Que todos mis afectos ardan por ti."

–Bethany

DÍA 9

Promesa bíblica

He aquí que tú eres hermosa, amiga mía; he aquí que tú eres hermosa (Cantares 4:1).

Reflexión devocional

La sulamita llegó a tener un corazón devoto escuchando y observando al Rey, y recibiendo la devoción del Rey hacia ella. La devoción no llega por esforzarnos o por comprometernos más. La devoción se produce cuando el gran Yo Soy nos dice quién es Él, y lo que somos para Él.

En los capítulos 2 y 3, la sulamita ha sido desobediente al llamado del Rey. Él se aleja, y, entonces, ella trata de encontrarlo. Cuando finalmente lo encuentra, las primeras palabras que El le dice son: *"Eres hermosa, amiga mía"*. ¡Qué sorpresa! La sulamita seguramente pensaba: "¡Me equivoqué tanto, y Él me llama hermosa! Sin duda, me ama mucho". Incontables son la ocasiones en que Él le muestra dulces actos de devoción y tiernamente le habla de la belleza que ve en ella. Esto hace que su corazón se llene de devoción por Él.

Oración intercesora

"Gran Yo Soy, dime quién soy para ti. Deseado de las naciones, haz que mis ojos vean tu devoción por mí. Haz que mis oídos oigan lo que piensas de mí, y haz que mi corazón sienta lo que tú sientes por mí."

–Cheryl

DÍA 10

Promesa bíblica

He aquí, yo os envío el profeta Elías, antes que venga el día de Jehová, grande y terrible. Él hará volver el corazón de los padres hacia los hijos, y el corazón de los hijos hacia los padres, no sea que yo venga y hiera la tierra con maldición (Malaquías 4:5-6).

Reflexión devocional

Un gran cambio se está produciendo en esta hora. Son los corazones de los padres, que se vuelven hacia los hijos, y los corazones de los hijos, que se vuelven hacia los padres. Toda la creación gime por esta hora. ¿Qué sucede en el corazón de Dios cuando las generaciones se unen? ¿Cuando unen sus corazones en oración al unísono? ¿Cuánto poder tiene esta oración? ¡Cuánto mayor es cuando un padre se une a su hijo para orar, o una madre se une a su hija para orar! En el evangelio de Juan, capítulo 17, casi podemos sentir el gozo y el placer del Padre cuando tiene comunión con su Hijo en oración. ¡El corazón eterno de

Dios, que late por las generaciones, se complace tanto cuando dos o tres generaciones se reúnen para acercarse a su trono! Pero hay un enemigo que desea mantenernos separados de nuestros padres. Esto le permite maldecir la Tierra.

Jóvenes, vayan a buscar a sus padres ahora mismo. Padres, vayan a buscar a sus hijos e hijas. Pídanles que vengan a orar con ustedes; a orar y pedir el favor y la bendición de Dios sobre sus familias y sus prójimos. Si sus hijos no viven con ustedes, llámenlos. Ellos quieren tener noticias suyas. Pídanles que oren con ustedes por teléfono. (Quizá hay cosas dolorosas o razones por las que no deberían orar juntos. No permitan que eso los detenga; imiten a Jesús y entreguen sus dolores y su necesidad de tener razón.)

Oración intercesora

"Señor, te pido que bendigas a mi mamá y a mi papá. Te pido que restaures nuestra relación en lo que sea necesario. Dame la gracia para recibirlos como una bendición en mi vida.

"Señor, te pido que bendigas a mi hijo, a mi hija. Te pido que me perdones cuando los lastime. Perdóname, Padre, por las veces que he puesto mis necesidades por encima de las de ellos.

"Hoy pedimos tu bendición por nuestra familia. Ayúdanos a amarnos unos a otros, a honrarnos mutuamente y a servirnos mutuamente."

—Kristina

DÍA 11

Promesa bíblica

> *El alma sin ciencia no es buena, y aquel que se apresura con los pies, peca* (Proverbios 19:2)

Reflexión devocional

Creo que este versículo puede usarse para reflexionar sobre la importancia de que las generaciones se unan para que los propósitos de Dios se cumplan. La joven generación que Dios está levantando está llena de pasión exaltada por Él y de celo por hacer conocer su gloria. La generación anterior a esta está llena de conocimiento y de sabiduría por sus incontables experiencias con Dios, que los jóvenes, aún, no tienen. Debe haber una unión de las generaciones para que el "alma" y la "ciencia" trabajen juntas y se bendigan mutuamente.

A fines de los años sesenta y principios de los años setenta, Dios inició un avivamiento llamado "el movimiento de Jesús". Jóvenes apasionados realizaban milagros, y miles de personas eran sanadas. Pero el movimiento murió rápidamente y fue abortado antes de alcanzar su pleno potencial. Esto es porque los "padres" de la Iglesia se negaron a adoptar el movimiento debido a algunos excesos, y los hijos se sintieron malentendidos y no quisieron recibir ninguna corrección, que les hubiera sido muy beneficiosa.

Quisiera animar a todos los que lean esto a pedirle a Dios un padre o una madre espiritual. De la misma manera, todo adulto debería estar tratando de impartir su vida a un hijo o una hija espiritual. ¡Aprendamos de los errores del pasado, veamos más allá de nuestras diferencias generacionales y corramos sin descanso tras el Dios de Abraham, Isaac y Jacob!

Oración intercesora

"Padre celestial, te pido que unas a los jóvenes y a los viejos en el próximo obrar del Espíritu Santo. Te ruego que exista una profunda unión y un profundo amor entre las generaciones. ¡Que todos corramos juntos para que tu voluntad sea hecha!"

–Billy

DÍA 12

Promesa bíblica

Voz del que clama en el desierto: Preparad el camino del Señor; enderezad sus sendas (Lucas 3:4).

Reflexión devocional

Juan el Bautista nació en un tiempo en que dos mundos estaban a punto de chocar. La historia estaba buscando desesperadamente a alguien que la conectara con el futuro. Cuatrocientos años de un silencio de piedra casi le habían quitado la identidad a la historia y la esperanza al futuro. Juan el Bautista se convirtió en una voz que unió estos dos mundos por medio de su clamor.

El suyo es el mismo manto que ha caído sobre la generación que se está levantando. La historia llama una vez más y busca desesperadamente a alguien que la reconcilie con el futuro. Aquí estamos, una generación suspendida en algún lugar entre lo que ha sido y lo que vendrá. Aquí estamos, con un llamado para convertirnos en el puente entre la historia y el futuro. Levantémonos como la voz de esta hora para preparar el camino del Señor.

Oración intercesora

"Dios, haz de mí una voz que sea un puente de la historia al futuro una vez más. Nací para este tiempo. Hazme ser alguien que prepare el camino para ti."

–Kristina

DÍA 13

Promesa bíblica

> *Hilos de púrpura son tus cabellos; ¡con tus rizos has cautivado al rey!* (Cantares 7:5, NVI).

¡Este versículo deja en claro que la sulamita era nazarea! No son sus conquistas (sus brazos), ni su proclamación (su boca), ni siquiera su ministerio (sus pies) lo que ha cautivado al Rey. Es su vida devocional interior para Él, simbolizada por su cabello. El Rey, que llevó cautiva a la cautividad, ha sido cautivado por la devoción de nuestro corazón a Él. Jesús siempre se sentía atraído hacia la ciudad de Betania. ¿Cuál era el imán que lo atraía allí, cautivándolo? Era el hogar de una mujer que había elegido la devoción por encima de sus deberes y que, con su decisión, había cautivado al Rey de reyes.

Dios quiere que usted haga historia y, también, que cautive su corazón. Conviértase en un imán que atraiga al Rey, y tenga una vida devocional apasionada. Esta devoción nunca le será quitada.

Oración intercesora

"Dios, dame un corazón devoto. Quiero un corazón que arda con una pasión inextinguible por ti. Haz que me convierta en un imán que te atraiga."

–Cheryl

DÍA 14

Promesa bíblica

Y uno de los siervos del rey de Israel respondió y dijo: Aquí está Eliseo hijo de Safat, que servía a Elías (2 Reyes 3:11).

Reflexión devocional

Eliseo servía a su profeta. El servicio, hecho con amor y fe, está revestido de poder espiritual. *"Porque el Hijo del Hombre no vino para ser servido, sino para servir, y para dar su vida en rescate por muchos"* (Marcos 10:45). Es una semilla sembrada en el mejor suelo: un padre espiritual. ¿Quién es su profeta? Sírvalo. En otras palabras, llévelo adonde tiene que ir, ayúdelo con las cosas de su casa, anticípese a sus necesidades. Sea su principal intercesor; movilice las reuniones de oración. E. M. Bounds dijo: "El predicador debe orar, y también deben orar por él". Giezi, el criado de Eliseo, tenía motivos egoístas: su propio ministerio y el dinero. Pero Eliseo, cuando servía a Elías, tenía pasión por servir, lloró por su padre y recibió la doble porción.

Oración intercesora

"Señor, te ruego que me unas a un profeta, un mentor. Dame el corazón de Jesús para que me entregue en servicio. Ponme en órbita alrededor de tu propósito. No pido un ministerio rápido, sino una madre o un padre para amar y servir, y la herencia de una doble porción."

−Abbott

DÍA 15

Promesa bíblica

> *Ninguno tenga en poco tu juventud, sino sé ejemplo de los creyentes en palabra, conducta, amor, espíritu, fe y pureza*
> (1 Timoteo 4:12).

Reflexión devocional

Nunca somos demasiado jóvenes como para ser ejemplo. No importa cuál sea nuestra edad, siempre habrá alguien más joven que nosotros que busque a alguien mayor para seguir. Qué maravilloso consejo de Pablo a Timoteo: *"Ninguno tenga en poco tu juventud, sino sé ejemplo"*. Tenemos el mandato de ser líderes. No hay mayor logro que el de marcar, con nuestro ejemplo, el camino para los que nos siguen. No tenemos que esperar hasta ser padres naturales o hasta tener suficiente edad como para ser padres. Podemos comenzar ahora. Podemos volvernos y extender nuestras manos para atraer a una generación menor a nuestro lado. Podemos ser ejemplos para ellos en lo que decimos, en lo que hacemos y en todo lo que creemos. Comencemos ahora a preparar el camino para los que seguirán después de nosotros.

Oración intercesora

"Dios, nunca soy demasiado joven como para seguirte y para marcar el camino para otros. Quiero entregar mi vida para ser un ejemplo para los que me siguen. Me volveré para ayudar a los que son más jóvenes que yo y los traeré a mi lado para que ellos también tengan alguien a quien seguir. Te ruego que me muestres cómo ser un ejemplo en todo lo que hago y que nunca permita que mi edad me impida estar totalmente entregada a ti."

–Kristina

DÍA 16

Promesa bíblica

Entre tanto que estoy en el mundo, luz soy del mundo
(Juan 9:5).

Reflexión devocional

Cuando yo era pequeña, recuerdo que mi pastor dijo: "Si Dios te llama a ser misionero, no te conformes con ser presidente de tu país". Esa frase es totalmente cierta, pero lo contrario también lo es. ¡Si Dios te llama a ser presidente de tu país, no te conformes con ser misionero!

Como cristianos, debemos comprender que Dios nos llama a influir cada área de la cultura y redimirla. El llamado más elevado para un cristiano no es convertirse en pastor o misionero. Nuestro llamado más elevado es amar a Dios con todo nuestro corazón y servir a nuestros congéneres desde cualquier ocupación que Dios nos haya dado. Hay jóvenes nazareos que son llamados por Dios para ser las próximas estrellas de cine, músicos, artistas, reporteros, ejecutivos y líderes políticos. Somos llamados a redimir las "puertas de autoridad" de nuestra cultura, no a señalarlas con el dedo y huir de ellas. Es hora de que nos responsabilicemos por haber abdicado de la autoridad que Dios nos ha dado en esas áreas. Es hora de que seamos luz de este mundo para la gloria de Dios.

Oración intercesora

"Padre celestial, te ruego que levantes líderes que te amen en todos los lugares de influencia en la cultura. Que la Iglesia aprenda cómo entrar en los lugares más oscuros de la sociedad para ser una luz ardiente y brillante para tu gloria."

–Billy

DÍA 17

Promesa bíblica

He aquí, yo os envío el profeta Elías, antes que venga el día de Jehová, grande y terrible. Él hará volver el corazón de los padres hacia los hijos, y el corazón de los hijos hacia los padres, no sea que yo venga y hiera la tierra con maldición (Malaquías 4:5-6).

Reflexión devocional

"...que el padre *viva para los sueños* de sus hijos, y que sus hijos *sueñen con vivir* para su padre" (Lou Engle).

William Tennent padre, el iniciador del Primer Gran Avivamiento en Estados Unidos, era la personificación del espíritu de Elías que haría volver los corazones del padre a sus hijos y los corazones de los hijos al padre. Dios le había dado un trueno en su voz, así como el don de la predicación poderosa, pero su verdadero legado permaneció en sus cuatro hijos. Su sueño no era ser conocido como un poderoso líder del avivamiento, sino enseñar a sus hijos el camino del Señor, ya que ellos, a su vez, cambiarían el curso de su país. Él creó una escuela, llamada despectivamente por algunos "Seminario de Madera" para sus hijos, para que pudieran capacitarse y llegar a ser formadores de la historia. Y lo fueron.

Gilbert Tennent comenzó a sacudir a su país con su llamado profético a despertar la Iglesia adormecida, la Bella Durmiente de Dios. A Gilbert no le importaba lo que los hombres pensaran de él, sino solo lo que el Padre lo había llamado a hacer. El gran líder del avivamiento, George Whitefield, escribió sobre Gilbert Tennent: "Los hipócritas se convierten o se enfurecen rápidamente al escuchar su predicación. Es un hijo del trueno y no le importa lo que diga el hombre. Es profundamente sensible a la mortandad y la formalidad de la Iglesia Cristiana en estas partes, y ha dado nobles testimonios en contra de ellas".

Hoy la Iglesia necesita hijos e hijas del trueno que resuenen nuevamente. Deben sacudir a este país hasta sus raíces con sus rugidos santos y apasionados. ¿Encontrará Dios en usted a un hijo del trueno? ¿Encontrará Dios en este país a una nueva raza de nazareos que no sepan nada más que hacer la voluntad del Padre?

Oración intercesora

"Padre, te agradecemos, porque, aun en aquellos días, tú volvías los corazones de los padres a los hijos y los corazones de los hijos a sus padres. Pero, Padre, te rogamos que este no sea el último resultado de la revolución de Elías, sino que, a su vez, como sucedió con Gilbert Tennent, dé a luz hijos e hijas del trueno. Dios, no queremos un cristianismo fácil; queremos un cristianismo violento, bíblico, en los cielos; y gracia y amor en la Tierra" (ver Mateo 1:1).

–Brian

Día 18

Promesa bíblica

> *Vino luego a sus discípulos, y los halló durmiendo, y dijo a Pedro: ¿Así que no habéis podido velar conmigo una hora?*
> (Mateo 26:40).

Reflexión devocional

"La historia pertenece a los intercesores, que dan forma al futuro según lo que creen" (Walter Wink).

En la década de 1850 Dios comenzó a moverse en los corazones de hombres y mujeres en todos los Estados Unidos, justo antes del comienzo de la Guerra Civil. Él puso en el corazón de Jeremiah Lamphier, un desconocido hombre de negocios de la ciudad de Nueva York, que nunca había manejado algo así antes, el organizar una reunión de oración a mediodía. Imprimió folletos instando a la gente a asistir a la reunión y comenzó a entregarlos a todos los que quisieran tomarlos. El día de la primera reunión de oración, Lamphier esperó, pero nadie apareció. Así que comenzó a orar. Veinte minutos después, escuchó las pisadas de un hombre que subía las escaleras. La reunión de oración había comenzado.

Meses después, los dueños de los negocios y las oficinas cerraban a las 11:55 para que sus empleados pudieran salir corriendo a las reuniones de oración que habían comenzado con la oración de un solo hombre sencillo. Tenían un solo motivo central de oración: que Dios se revelara en todo el país. ¿Cuál era su motivación? Jesús dijo: *"¿Así que no habéis podido velar conmigo una hora?"* ¿Cuál fue su respuesta? Miles de personas en todo el país comenzaron a hacer lo mismo. Los periódicos comenzaron a informar de este obrar de Dios, y en todo el país hubo personas que captaron el fuego y la pasión de esas oraciones. En dos años, más de un millón de personas habían sido ganadas para el reino como resultado directo de estas reuniones de oración apasionadas que se realizaban todos los mediodías.

Debemos ver suceder esto otra vez. ¿Dónde están los hombres y mujeres extremos, revolucionarios, apasionados, que responderán nuevamente a este llamado?

Oración intercesora

"Dios, te rogamos que surja en nuestro país un nuevo movimiento de oración motivado por laicos. Lleva la oración a la vanguardia de los niños de nuestras escuelas una vez más. Pon en sus corazones el buscar tu rostro y cambiar los decretos que prohíben orar en las escuelas. Señor, debe suceder. Señor, te rogamos que no nos encuentres durmiendo profundamente, sino que seamos los que velen en oración contigo."

–Brian

Día 19

Promesa bíblica

Después partieron de Bet-el; y había aún como media legua de tierra para llegar a Efrata, cuando dio a luz Raquel, y hubo trabajo en su parto. Y aconteció, como había trabajo en su parto, que le dijo la partera: No temas, que también tendrás este hijo. Y acon-

teció que al salírsele el alma (pues murió), llamó su nombre Benoni; mas su padre lo llamó Benjamín (Génesis 35:16-18).

Reflexión bíblica

En este pasaje, Raquel podría representar a un sistema mundial que
agoniza. Al comprender que muere sin tener nada que ofrecer, llama a
su hijo Benoni ('hijo de mi tristeza'). ¡Qué terrible comienzo para un niño, ser conocido como aquel que trajo dolor, como el responsable de
su dolor!

¿Qué nombre le ha puesto a usted la sociedad? ¿Le pusieron nombre
los que sentían que estaban perdiendo el juego de la vida y la muerte?
¿Por aquellos que tenían que concentrar su dolor en otro lugar que no
fuera ellos mismos? ¿Qué nombre le pusieron sus padres, sus amigos o
sus pares? ¿Perdedor, estúpido, feo, "menos que", idiota? ¿Bajo qué nombre ha estado viviendo? Si su padre nunca lo bendijo, quizá, usted esté
tratando de probar quién es verdaderamente, pero eso nunca basta.

Entonces, el corazón de un padre entra en esta tristeza. Él no permi-
tirá que su hijo quede marcado de por vida como causa de tristeza. Él
se inclina sobre su hijo y habla destino y futuro sobre su vida. *"No será
conocido como Benoni, sino como Benjamín, [hijo de mi mano derecha]"* Él no
es un perdedor. ¡Es mi hijo! La palabra "Ben" significa 'constructor del
nombre de la familia'. Benjamín era un punto de partida, un punto de
lanzamiento. Está conectado con el pasado y tiene un futuro. Va a construir el nombre de la familia.

Hay un Padre más sabio y más amoroso aún que el padre de Benjamín. Es nuestro Padre Dios. Él quiere darle un nuevo nombre: un nombre que hable de esperanza, un nombre que dé futuro. Él lo llama su
hijo y quiere que usted construya el nombre de la familia. Permita que
Él quite las etiquetas, las maldiciones que la sociedad ha puesto sobre
usted. Permítale que le hable de futuro. ¡Él dice que tiene un futuro y
una esperanza para darnos el final esperado, que es bueno! (ver Jeremías
29:11).

Oración intercesora

"Señor, te necesito. Algunas veces, ni siquiera entiendo cómo las palabras que fueron pronunciadas sobre mí en el pasado aún me afectan hoy. Háblame, habla sobre mi vida. Quiero ayudar a construir el nombre de tu familia, Señor. Quita el poder de las palabras equivocadas que fueron arrojadas sobre mí. Perdono a quienes me dijeron esas cosas. Tu Palabra dice que tú me amas. Tu Palabra dice que soy tu hijo. Te recibo como mi Padre celestial; sana las heridas producidas por mi padre en el pasado. Y, Señor, trae padres espirituales a mi vida; hombres que me ayuden a verme como tú me ves, que me ayuden a construir el nombre de la familia."

–Kristina

DÍA 20

Promesa bíblica

> *Y soñó: y he aquí una escalera que estaba apoyada en tierra,*
> *y su extremo tocaba en el cielo; y he aquí ángeles de Dios que*
> *subían y descendían por ella. Y he aquí, Jehová estaba en lo*
> *alto de ella, el cual dijo: Yo soy Jehová, el Dios de Abraham tu*
> *padre, y el Dios de Isaac; la tierra en que estás acostado te la*
> *daré a ti y a tu descendencia* (Génesis 28:12-13).

Reflexión devocional

Dios es el eterno Soñador. Habla en sueños, sonidos por las noches. Si estudiamos el sueño, preguntamos sobre su interpretación y oramos, se abren de par en par las ventanas de los cielos y somos guiados hacia su consejo. Si creemos en el sueño y perseveramos en la Tierra de nuestra promesa, nos convertimos en su sueño, surgido de la mente del Padre antes de los tiempos, hijos de Abraham, que escuchan la Voz que dice: "Mira las estrellas; como ellas, será tu descendencia".

Oración intercesora

"Dios de Abraham, Isaac y Jacob, te adoro, maravillado. Tus caminos son como el viento. Te pido la promesa de Pentecostés; haz descender sueños y visiones, en el nombre de Jesús. Adopto lo sobrenatural y espero la voz de Dios. Háblame por la noche; abre de par en par las ventanas de mi destino en Cristo, en el nombre de Jesús."

–Abbott

DÍA 21

Desde los días de Juan el Bautista hasta ahora, el reino de los cielos sufre violencia, y los violentos lo arrebatan
(Mateo 11:12).

Reflexión devocional

Hay un asalto sin precedentes sobre los jóvenes en la actualidad. Con la destrucción de los valores básicos de la familia, la perversión y la inmoralidad han sido desatadas contra los jóvenes. Pero aún hay esperanza.

Elías fue un hombre que llegó a la escena en Israel cuando la espiritualidad de los israelitas estaba en su punto más bajo, y cuando las perversiones y la inmoralidad habían arrasado la Tierra. El profeta Elías, llegado aparentemente de la nada, llamó al pueblo de su nación a que volviera al único Dios verdadero. En un enfrentamiento ejemplar entre este profeta y los profetas de Baal, Elías sabía que la victoria era suya, y gritó: *"Y acercándose Elías a todo el pueblo, dijo: ¿Hasta cuándo claudicaréis vosotros entre dos pensamientos?"* (1 Reyes 18:21).

Esa misma pregunta resuena fuerte y clara en nuestros días: ¿hasta cuándo vacilaremos entre dos opiniones? La reina de la época de Elías, Jezabel, había desafiado las leyes de Dios continuamente y había hecho que Israel se apartara de su destino. Elías vino a desafiar esa autoridad sobre su Tierra y a luchar por ella, y lo hizo. El espíritu de Elías no era solamente un espíritu que iba a volver los corazones de los padres a los hijos, y los de los hijos a los padres; también fue una postura de violencia y contiendas. Debemos luchar en nuestra Tierra contra los principios y las ideologías que han dominado durante demasiado tiempo. Así como Jehú había ordenado, milenios antes, derribar a Jezabel, se oye, a la distancia, el resonar de un ejército de liberación que repite: "¡Derríbala! ¡Derríbala! ¡Derríbala!"

Oración intercesora

"Padre, oramos para que esta revolución de Elías se levante en nuestro tiempo. Haznos luchadores que desafíen el *statu quo* de esta época y no se queden satisfechos con estar en silencio. Danos la fe que Elías tuvo para que lleguemos a ver la maldad y la inmoralidad fuera de esta Tierra. Padre, ya no toleraremos a Jezabel en nuestra Tierra; ¡y tampoco la toleraremos en nuestros corazones!"

–Brian

Notas finales

[1] Dr. Ché H. Ahn y Lou Engle, *The Call Revolution*, Colorado Springs, Wagner Publications, 2001, pág. 17.

[2] La principal referencia bíblica a los nazareos se encuentra en el capítulo 6 de Números, donde se describen en detalle las instrucciones y condiciones específicas relativas al voto de nazareo. Los nazareos más conocidos en la Biblia son Sansón, Samuel y Juan el Bautista. Encontrará más información sobre los nazareos, especialmente la nueva generación que está surgiendo en la Iglesia actual, en el capítulo 4 de este libro.

[3] Ver Mateo 11:7-14; 17:11-13; Lucas 1:13-17.

[4] © 1999 Milene Music, Inc. / Deer Valley Music (administrado por Milene Music, Inc.) 7 ASCAP / Sparrow Song / Uncle Ivan Music / (Ambos administrados por EMI Christian Music Publishing) / (BMI).

[5] Tim Ellsworth, *"Baptists Adrift in Doctrinal Confusion"* (*Bautistas a la deriva en medio de la confusión doctrinal*) , SBC Life, Oct. 2001. 25 de octubre de 2001. <http://www.sbclife.org/Articles/2001/10/SLA6.asp>.

[6] Jim W. Goll, *The Coming Prophetic Revolution* (*La revolución profética que se avecina*), Grand Rapids, Chosen Books, 2001, pág. 272.

[7] Lou Engle, *"Restoring the Voice"* (*Restaurando la voz*), Harvest Times, Vol. 7, N.º 2, marzo/abril 2001, pág. 11.

8 Abraham tuvo varios hijos, incluyendo a Ismael, de diversas concubinas (ver Génesis 16:15; 25:1-6), pero Isaac fue el único nacido como cumplimiento de la promesa específica de Dios. Fue a través de Isaac que el plan de Dios se llevó a cabo.

9 Adaptado de *"Generational Transfer"* (*Transferencia generacional*) de Lou Engle, Harvest Times, Vol. 7, N.º 2, marzo/abril 2001, pág. 3.

10 Lou Engle, *"Generational Transfer"*, pág. 4.

11 George Otis, Jr., *"Invasion From the Dark Side"*, Charisma, marzo de 1997, 4 de enero de 2002. <http://charismamag.com-/march97/cm197105.htm>.

12 Descripción tomada del sitio web oficial del festival: <http://www.burningman.com>.

13 Jim Goll, *Wasted on Jesus* (*Consumidos por Jesús*), Shippensburg, Destiny Image Publishers, Inc., 2000, págs. 1-2.

14 Lou Engle, *Digging the Wells of Revival* (*Cavando los pozos del avivamiento*), Shippensburg, Revival Press, una marca de Destiny Image Publishers, Inc., pág. 196.

15 Dr. Ché H. Ahn y Lou Engle, *The Call Revolution* (*La revolución del llamado*), Colorado Springs, Wagner Publications, 2001, pág. 24.

16 Ahn y Engle, *The Call Revolution*, págs. 24-25.

17 Ahn y Engle, *The Call Revolution*, págs. 26-27.

18 Engle, *Digging the Wells of Revival*, pág. 197.

19 Ahn y Engle, *The Call Revolution*, pág. 28.

20 Sylvia M. Barnhart.

21 R. Laird Harris,Gleason L. Archer Jr., y Bruce K. Waltke, *Theological Wordbook of the Old Testament*, Vol. 2, Chicago, Moody Press, 1980, pág. 958, N.º 2472.

22 James Strong, *Strong's Exhaustive Concordance of the Bible*, Peabody, Henrickson Publishers, sin fecha. N.º H8334, *Sharath*.

23 Al decir "pierda el control" no nos referimos a andar en forma independiente y rebelde. Después de todo, el fruto del Espíritu es dominio propio. El dominio propio se refiere a la forma en que manejamos la ira, los apetitos y la concupiscencia de la carne. Pero no podemos "controlar" al Espíritu Santo. Él debe controlarnos a nosotros. Así que, al hablar de "perder el control" estamos usando una forma de expresión moderna que significa entregar nuestros derechos a Dios.

24 Charles Finney, *Autobiography*, capítulo 2, 23 de enero de 2002. http://bible.christiansunite.com/Charles_Finney/finney02.shtml

25 Jim W. Goll, *The Lost Art of Intercession*, Shippensburg, Revival Press, una marca de Destiny Image Publishers, Inc., 1997, págs. 4-5.

26 Geoff Waugh, *"Revival Fire"*, *Renewal Journal* # 1, (93:1), págs. 33-65, 23 de enero de 2002. <http://www.revival-library.org/catalogues-/history/waugh/05.ihtml>

27 Geoff Waugh, *Flashpoints of Revival*, Shippensburg, Revival Press, una marca de Destiny Image Publishers, Inc., 1998, págs. 56-57.

28 Waugh, *Flashpoints*, pág. 57.

29 Jim W. Goll, *The Lost Art of Intercession*, Shippensburg, Pasadena, Revival Press, una marca de Destiny Image Publishers, Inc., 1997, pág. 78.

30 William P. Merril, *"Rise Up, O Men of God"*, dominio público.

Dios te invita a soñar

Dios quiere transformar
lo imposible en posible.
Comenzar a creer el
maravilloso sue o que
Dios nos invita a
so ar es el comienzo
de una vida de
realizaci n.
Enam rate del
sue o de Dios,
abr zalo con todas
tus fuerzas y te
ver s remontando
a nuevas alturas.

Lo posible puede ser hecho por todo el mundo; el
desafío es probar que con Dios no hay imposibles

el adorador insaciable

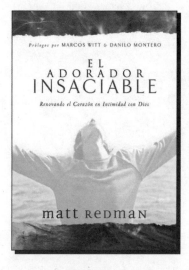

por
Matt
Redman

**TAPA
DURA**

Este libro es acerca de una cierta clase de adorador.
INSACIABLE. IMPARABLE. INDIGNO. DESHECHO. Estos
adoradores no permitirán ser distraídos o derrotados. Ansían
que sus corazones, vidas y canciones sean la clase de ofrenda
que Dios está buscando. Un insaciable adorador es aquel que
descansa con confianza en Dios y adora delante de la audiencia
de Uno. El autor te invita a entrar al lugar donde tu fuego por
Dios no pueda ser apagado. Conviértete en un impredecible,
integro e insaciable adorador.